El ABC del Comercio Internacional

Exportar e Importar

Ernesto Felipe Davison Briñon

El ABC del Comercio Internacional

Copyright © 2024 – Primera Edición
Ernesto Felipe Davison Briñon

Todos los derechos reservados
ISBN: 9798335178358

DEDICATORIA

A mi esposa, hijos, nietos

y a la memoria de mis padres.

PRÓLOGO

Esta publicación aporta las bases necesarias para que directivos, empresarios, profesionales, estudiantes y todas las personas, que quieran iniciarse en la teoría y práctica del comercio internacional, tengan los conocimientos fundamentales, que les permitirán comenzar a desenvolverse en la actividad.

Explica diversos temas que van, desde los organismos que regulan el comercio internacional, como la "OMC" es decir La Organización Mundial del Comercio, pasando por información sobre los países y sus mercados, la Clasificación Arancelaria, los Incoterms, los Documentos de Embarque, de Pago, la Logística y el Transporte Internacional, el Almacenamiento de las Mercancías, el Marketing y las Finanzas Internacionales, hasta las Nuevas Tecnologías aplicadas al Comercio Internacional.

Es un trabajo realizado con el objeto de reunir en una sola publicación, información útil para iniciarnos en esta actividad.

TEMAS	PÁGINA

CAPÍTULO 1
LA ORGANIZACIÓN MUNDIAL DEL COMERCIO — 11

CAPÍTULO 2
LAS EMPRESAS Y EL COMERCIO INTERNACIONAL — 15
La Clasificación Arancelaria — 19
Las Trading Company — 22

CAPÍTULO 3
LOS CONTINENTES, SUS PAÍSES, POBLACIONES Y COMERCIO. — 25
Europa — 25
Asia — 33
Continente Americano — 41
Continente Africano — 58
Oceanía — 64

CAPÍTULO 4
Normas Internacionales de Protocolo — 69
Comenzando a operar en comercio exterior: — 73

CAPÍTULO 5
"INCOTERMS" TÉRMINOS DEL COMERCIO INTERNACIONAL — 79
Características de cada Incoterm — 81
Incoterms utilizados en transporte marítimo — 85

CAPÍTULO 6
DOCUMENTOS DE EMBARQUE Y MEDIOS DE PAGO EN EL COMERCIO INTERNACIONAL — 87
Documentos Comerciales — 88
Documentos relativos al transporte — 90
Documentos relativos a los Seguros — 93
Documentos Bancarios — 96
Carta de Crédito (letter credit) — 96
Otros medios de pagos más utilizados: — 101

CAPÍTULO 7
LA LOGÍSTICA Y EL TRANSPORTE INTERNACIONAL — 107
El transporte de Cargas Internacional — 107
El "Contenedor Multimodal" — 113
El Palé o Palet — 116

CAPÍTULO 8
EL ALMACENAMIENTO DE MERCANCÍAS — 125
La gestión de la cadena de suministro — 128
Logística Internacional — 129
Tendencias y Desafíos Actuales — 131
Componentes de la Gestión de la Cadena de Suministro — 132

CAPITULO 9
TÉCNICAS DE NEGOCIACIÓN Y EL MARKETING INTERNACIONAL — 135
La Negociación Internacional — 139
El Comercio Internacional entre los Grandes Bloques — 140

CAPITULO 10
  LAS FINANZAS INTERNACIONALES   147
    Los instrumentos financieros: 150
    El financiamiento en el Comercio Internacional   151
    Organismos e Instituciones que intervienen en el C.I.   153

CAPITULO 11
  LAS NUEVAS TECNOLOGÍAS EN EL C: I.   157
    Resumen de Tecnologías Innovadoras que se Utilizan en el Comercio Internacional   159

CAPÍTULO 1

LA ORGANIZACIÓN MUNDIAL DEL COMERCIO

La Organización Mundial del Comercio (OMC) es una entidad internacional que regula las normas y facilita el comercio internacional entre los países miembros. Fue establecida el 1 de enero de 1995 y actualmente cuenta con 164 países miembros.

Es la sucesora del Acuerdo General sobre Aranceles Aduaneros y Comercio (GATT), establecido tras la Segunda Guerra Mundial, hace más de 75 años.

Propósito de la OMC

La OMC tiene como principal objetivo promover un sistema de comercio internacional abierto, basado en reglas y no es discriminatorio. Esto incluye facilitar el flujo libre de bienes y servicios, asegurando que el comercio sea justo y equitativo, y resolviendo disputas comerciales entre países de manera efectiva.

Funciones Principales de la OMC

La OMC supervisa la implementación, administración y funcionamiento de los acuerdos comerciales que son negociados y firmados por los países miembros. Estos acuerdos cubren una amplia gama de áreas, incluyendo bienes, servicios, propiedad intelectual y normas comerciales.

Proporciona una plataforma para que los miembros negocien nuevas normas y acuerdos comerciales. Esto incluye la reducción de barreras comerciales y la creación de reglas nuevas para enfrentar desafíos comerciales emergentes.

Ofrece un mecanismo para resolver disputas comerciales entre los países miembros de manera imparcial y efectiva. Este mecanismo incluye varios pasos, desde consultas hasta paneles de resolución y apelaciones.

Revisa y evalúa regularmente las políticas comerciales de los miembros para asegurar su conformidad con las reglas de la OMC. Esto ayuda a aumentar la transparencia y a mantener a los miembros informados sobre las prácticas comerciales de otros países.

Proporciona asistencia técnica y programas de formación a los países en desarrollo y menos adelantados para ayudarles a participar de manera efectiva en el comercio internacional y a cumplir con las normas de la OMC.

Y por último colabora con otras organizaciones internacionales como el Fondo Monetario Internacional (FMI) y el Banco Mundial para asegurar la coherencia en la formulación de políticas económicas globales.

Estructura de la OMC

La OMC tiene una estructura organizativa compleja que incluye varios órganos principales y comités especializados. Formada por varios órganos y mecanismos, cada uno con funciones específicas. Sus casi 170 miembros, tiene como principal misión facilitar el libre comercio, fomentar la cooperación entre naciones y resolver disputas comerciales, promoviendo un sistema de comercio multilateral basado en reglas claras.

La Conferencia Ministerial:

Es el órgano de toma de decisiones más alto de la OMC. Se reúne al menos una vez cada dos años y está compuesta por representantes de todos los países miembros.

El Consejo General:

Supervisa el trabajo cotidiano de la OMC y se reúne varias veces al año. También actúa como el órgano de resolución de disputas y el órgano de revisión de políticas comerciales.

Además, tiene los Consejos Especializados:

Consejo del Comercio de Mercancías: Supervisa los acuerdos relacionados con el comercio de bienes.

Consejo del Comercio de Servicios: Administra los acuerdos sobre comercio de servicios.

Consejo de los Aspectos de los Derechos de Propiedad Intelectual relacionados con el Comercio (ADPIC): Gestiona las normas sobre propiedad intelectual.

La Secretaría de la OMC:

Apoya el trabajo de los órganos de la OMC. Está encabezada por un Director General y su sede está en Ginebra, Suiza.

La OMC ha desempeñado un papel crucial en la reducción de barreras comerciales y la promoción del comercio global.

Son varios desafíos los que tiene por delante para resolver:

Negociaciones Estancadas: Las negociaciones comerciales, especialmente la Ronda de Doha, han enfrentado dificultades y estancamientos.

Disputas Comerciales: Las crecientes tensiones comerciales entre grandes economías, como Estados Unidos y China, han puesto a prueba el sistema de resolución de disputas de la OMC.

Reforma Institucional: Hay llamados para reformar la OMC para hacerla más efectiva y relevante en el contexto del comercio moderno.

Resumiendo, la OMC juega un papel esencial en la regulación del comercio internacional, promoviendo un sistema de comercio basado en reglas y facilitando la cooperación entre países. A pesar de sus desafíos, sigue siendo una organización vital para el mantenimiento de un comercio global estable y predecible.

CAPÍTULO 2

LAS EMPRESAS Y EL COMERCIO INTERNACIONAL

¿Puedo exportar?... ¿Cómo lo hago?... ¿Puedo Importar?... ¿Cómo lo hago?... Son las primeras preguntas que cualquier persona que se interese por el Comercio Internacional, deberá hacerse.
¿Por qué un empresario, aunque sea propietario de una pequeña empresa debería interesarse en estos temas?

La respuesta le deberá surgir inmediatamente, al darse cuenta de que es una forma de ampliar el mercado para la colocación de sus productos, como así también, que la importación de algunos insumos, pueden bajar sus costos, permitiéndole ser más competitivo, tanto en el mercado interno, como en el mercado exterior y así mismo, dejar de depender exclusivamente de sus actuales proveedores.

Los primeros teóricos del comercio internacional los podemos encontrar en Adam Smith y David Ricardo, el primero con la llamada Teoría de la Ventaja Absoluta y el segundo con la Ventaja Comparativa.

Se puede definir al Comercio Internacional como al intercambio comercial a nivel mundial, de bienes o servicios, efectuado entre regiones, bloques económicos o países.

Mientras que podemos definir al Comercio Exterior, como a las transacciones efectuadas por un determinado país con el resto de los países posibles.

La exportación y la importación son dos conceptos fundamentales en el comercio internacional.

La exportación es la acción de vender o enviar bienes o servicios producidos en un país de origen a otro u otros países extranjeros. Es decir, es la salida de productos o servicios de un país para ser comercializados en el mercado internacional. La exportación es una parte importante de la economía de los países, permitiéndole generar ingresos y expandir su presencia en el mercado global.

La importación, por otro lado, implica la actividad de obtener bienes y servicios producidos en un país extranjero mediante su compra. Es decir, es la entrada de productos o servicios en un país desde el extranjero. La importación permite a los países acceder a productos que no se producen localmente o que son más costosos de producir internamente. También puede ser una forma de satisfacer la demanda interna de ciertos bienes o servicios.

Ambos conceptos son fundamentales para el comercio internacional, ya que permiten el intercambio de bienes y servicios entre países. La exportación y la importación son actividades que contribuyen al crecimiento económico, fomentan la especialización y promueven la cooperación y el desarrollo de relaciones comerciales entre las naciones.

Es importante tener en cuenta que tanto la exportación como la importación están sujetas a regulaciones y trámites aduaneros específicos en cada país, y pueden requerir documentación y permisos adicionales según la naturaleza de los productos o servicios involucrados.

En resumen, exportar implica vender o enviar bienes o servicios producidos en un país a otro país, mientras que importar implica comprar bienes o servicios producidos en un país extranjero. Ambas actividades contribuyen al crecimiento económico y al desarrollo de las relaciones comerciales entre países.

Las posibilidades de comercio exterior de un país, dependerán de las políticas aplicadas por su gobierno, en materia económica, cambiaria, impositiva, etc. por lo que antes de iniciar la tarea de tratar de vender nuestros productos en el exterior o de importar algún insumo o producto terminado, debemos analizar las reglamentaciones aduaneras existentes sobre los productos en cuestión, como así también los aranceles y barreras para-arancelarias, los impuestos, tasas aduaneras, fletes internos e internacionales, costos portuarios, etc. El resultado de todos estos costos bien calculados y una vez aplicado el cambio a la moneda que corresponda, nos permitirá saber si es posible o si es conveniente, realizar la exportación o la importación según sea el caso.

Por lo tanto, es fundamental tener en cuenta desde un inicio, las barreras al comercio exterior que pueden existir en nuestro país

en el caso de querer importar, o en el país de destino en el caso de querer exportar nuestra producción.
Estas barreras se dividen en dos grupos, las arancelarias y las paraarancelarias o no arancelarias:

Las arancelarias o tarifas aduaneras, son impuestos a la importación de los productos que se aplican como un porcentaje del producto o se pueden aplicar, según el caso, sobre cada unidad importada. Hay que analizar si existe un acuerdo o "Sistema de Preferencias" entre nuestro país y el de destino, donde se haya establecido un "Arancel Preferencial".

Las "Paraarancelarias" son todas aquellas medidas no arancelarias que impiden el libre comercio entre los países.
Son múltiples, muy poco claras y suelen imposibilitar la importación dada la cantidad de requisitos a ser cumplidos por parte del importador.
Entre las más utilizadas podemos señalar: 1) Precios de referencia 2) Permisos específicos de importación 3) Reglamentaciones sanitarias 4) Derechos compensatorios 5) Requisitos técnicos 6) Etiquetados 7) Acuerdos preferenciales con otros países 8) Subsidios a la producción nacional para impedir las importaciones.

Todas estas medidas no arancelarias, pueden ser denunciadas para su tratamiento en el marco de la Organización Mundial de Comercio (OMC), en el caso de haber fracasado las tratativas bilaterales.

Una industria que quiere colocar sus productos en el exterior debe analizar si va a exportar un excedente de producción, casual o esporádico, o si se trata de ocupar capacidad ociosa, o de incrementar la producción con el objeto de exportar la misma. Estas razones que motivan la exportación son muy diferentes entre sí como así también los costos que se producirán según sea el caso y por lo tanto el costo final del producto.

Tampoco es lo mismo el trabajo de colocación o venta en el exterior de una partida excedente de vez en cuando, que la venta constante con la debida atención del cliente y del mercado exterior.

De igual manera, en la importación los costos son diferentes y se tienen diferentes resultados. No es lo mismo si se trata de una compra única, a querer dar continuidad a las importaciones, donde tendremos que preparar una estructura permanente y además, si fuera el caso, es conveniente obtener la representación exclusiva de los productos para nuestro mercado o región.

Las exportaciones, pueden ser efectuadas en forma directa siendo nuestra empresa la que se ocupe de toda la operación e inclusive puede ocuparse de la comercialización en el país de destino, o se pueden realizar en forma indirecta, o sea a través de una empresa importadora que se ocupe de la venta a los mayoristas o distribuidores en el nuevo mercado.

La Clasificación Arancelaria

La clasificación arancelaria consiste en asignar un código numérico a las mercancías que se importan o exportan. Este código, también conocido como "fracción arancelaria," facilita la identificación de los productos en cualquier parte del mundo y agiliza los procedimientos aduaneros y comerciales entre los países.

Sistemas de Clasificación Arancelaria

El sistema más ampliamente utilizado es el **Sistema Armonizado de Designación y Codificación de Mercancías.** Fue impulsado por la Organización Mundial de Aduanas y se utiliza en aproximadamente 200 países y Uniones Aduaneras, cubriendo el 98% de las transacciones internacionales.
El código arancelario basado en este sistema consta de seis dígitos. Pero, cada país puede agregar dígitos adicionales para mayor especificidad.

a) **Sistema Armonizado:** El código de la clasificación arancelaria basado en la nomenclatura del tiene 6 dígitos.

b) **Nomenclatura de Combinada (NC):** es un sistema de códigos de 8 dígitos que utiliza los 6 del Sistema Armonizado y le añade 2 más. Es utilizado por la Unión Europea.

c) **Arancel Integrado (TARIC):** presenta un código de 10 dígitos. Son los 8 de la NC más 2 dígitos de subpartidas TARIC.

d) **Nomenclatura Común del Mercosur (NCM) y Arancel Externo Común (AEC):** Es un sistema que permite individualizar y clasificar todas las mercaderías comercializadas entre los países del MERCOSUR, y de estos con el resto del mundo.

El Arancel Externo Común (AEC) fue adoptado en el año 1994 mediante la Decisión 22/94 del Consejo Mercado Común (CMC).

El AEC está basado en la Nomenclatura Común del MERCOSUR (NCM) y definido mediante una alícuota aplicable a cada ítem arancelario (8 dígitos).

La estructura jerárquica incluye secciones, capítulos, partidas y subpartidas. Por ejemplo, un código es: 0804.10.40 que corresponde a Dátiles frescos con carozo, donde los primeros dos dígitos representan el capítulo, los siguientes dos la partida, y así sucesivamente.

Reglas Generales Interpretativas:

El Sistema Armonizado tiene seis Reglas Generales Interpretativas que ayudan a elegir el código correcto para cada mercancía. Por ejemplo, la Regla 1 establece que los títulos de secciones o capítulos son indicativos, y la clasificación real se determina por los textos de las partidas y notas correspondientes.

Beneficios de la Clasificación Arancelaria:

Facilita la recaudación de impuestos y derechos al identificar correctamente los productos.
Ayuda a cumplir con regulaciones no arancelarias, como normas de seguridad o etiquetado.
Simplifica los procedimientos aduaneros, acelerando el flujo de mercancías.

"La Trading Company"

Son empresas especializadas en el comercio internacional, que prestan el servicio, se ocupan de exportar e importar como actividad principal, como actividad propia, o por encargo de terceras empresas, detectando productos en cualquier parte del mundo y colocándolos donde el cliente les haya solicitado o sea conveniente hacerlo, es decir, actúan como intermediarios entre productores y compradores de diferentes países.

En Japón las **"trading companies"** realizan la mitad de las exportaciones y los dos tercios de sus importaciones.

Las trading companies, tienen redes establecidas en diferentes países, lo que permite a las empresas acceder a mercados que de otro modo serían difíciles de penetrar.

Estas empresas cuentan con expertos que conocen las regulaciones locales, tendencias del mercado y prácticas comerciales, lo que ayuda a las empresas a navegar por el complejo entorno del comercio internacional.

Generalmente manejan la logística y la documentación necesaria para la importación y exportación, lo que reduce la carga administrativa para las empresas.

Coordinan el transporte internacional, gestionando la cadena de suministro desde el punto de producción hasta el destino final.

Se encargan de la contratación de servicios de transporte (marítimo, aéreo, terrestre) y almacenaje.

Garantizan el cumplimiento de los plazos de entrega y la distribución de mercancías.

Pueden proporcionar financiamiento a los productores o compradores cuando es necesario, asegurando que las transacciones se lleven a cabo de manera fluida y asumen riesgos asociados con fluctuaciones de divisas, cambios en las regulaciones comerciales o la inestabilidad política en ciertos mercados.
Ofrecen seguros contra riesgos comerciales y políticos para proteger tanto a productores como a compradores.

Estas empresas tienen un profundo conocimiento de los mercados internacionales, incluyendo las tendencias de la demanda, los precios, las preferencias de los consumidores y las regulaciones locales.

También ayudan a los productores a adaptar sus productos a los requisitos de los mercados extranjeros, ya sea en términos de diseño, embalaje o cumplimiento normativo.

Se puede decir que existen dos tipos de Trading Companies:

Las Trading Companies Generales, empresas que operan con una amplia gama de productos, desde materias primas hasta productos manufacturados. Ejemplos famosos incluyen las empresas japonesas como Mitsubishi, Mitsui y Sumitomo, que participan en múltiples sectores y mercados.

Y las Trading Companies Especializadas, que se enfocan en un tipo específico de producto o sector, como maquinaria, productos agrícolas, textiles, o tecnología.

Sociedades de Comercio Exterior

Por otra parte, existen empresas con estructuras menores a una Trading Company, llamadas generalmente <u>Sociedades de Comercio Exterior</u> y cuya función es similar a la Trading, pero a menor escala.

También existen agentes de comercio exterior, que actúan como intermediarios que facilitan el contacto entre el exportador y el importador cobrando una comisión por el servicio. En el mundo actual generalmente globalizado, la tendencia de las empresas es a vincularse con otras, aumentando sus posibilidades de crecimiento y creando nichos de valor en sus diferentes áreas.

<u>Estudios recientes, demuestran que las empresas pequeñas o medianas (Pymes) que comercializan sus productos en el mercado internacional tienen el doble de probabilidades de crecimiento que aquellas que únicamente operan en su mercado doméstico.</u>

Es fundamental para estas empresas que tengan una estrategia bien delineada del camino a seguir en Comercio Exterior, sobre todo cuales son los puntos fuertes y cuáles son las debilidades y las de sus competidores y sobre todo tener en cuenta las posibilidades reales del negocio, para que no asuman compromisos con clientes o proveedores en objetivos que no puedan cumplir.

CAPÍTULO 3

LOS CONTINENTES, SUS PAÍSES, POBLACIONES Y COMERCIO.

Considero importante que todos los que estén interesados en comenzar a exportar e importar, tengan amplios conocimientos de geografía política y económica, de manera de no perder tiempo en dirigir sus esfuerzos hacia una zona o país que no sea el adecuado a sus intereses. A modo de introducción en dichos temas para que luego sean profundizados y analizados por el lector, destaco los siguientes datos:

EUROPA

El continente europeo tiene un total de 50 países de los cuales 43 con todo su territorio en Europa y 7 Euroasiáticos y la población total del continente son 742 millones de habitantes al año 2023.
La Unión Europea (UE) o Mercado Común Europeo con la salida del Reino Unido, ha quedado constituida por 27 países y con una población aproximada de 449 millones de habitantes. El resto de los países o sea 23 no pertenece al Mercado Común Europeo.

Lista de países europeos y sus poblaciones:

Albania	2,866,000
Alemania	83,190,000
Andorra	77,000

Armenia	2,963,000
Austria	9,006,000
Azerbaiyán	10,165,000
Bélgica	11,492,000
Bielorrusia	9,349,000
Bosnia y Herzegovina	3,301,000
Bulgaria	6,951,000
Chipre	1,207,000
Croacia	3,873,000
Dinamarca	5,825,000
Eslovaquia	5,459,000
Eslovenia	2,108,000
España	47,450,000
Estonia	1,331,000
Finlandia	5,553,000
Francia	67,850,000
Georgia	3,686,000
Grecia	10,423,000
Hungría	9,630,000
Irlanda	5,176,000
Islandia	376,000
Italia	58,853,000
Kazajistán (en parte)	19,186,000
Kosovo	1,806,000
Letonia	1,848,000
Liechtenstein	39,000
Lituania	2,795,000
Luxemburgo	645,000
Macedonia del Norte	2,058,000
Malta	525,000
Moldavia	2,606,000
Mónaco	39,000
Montenegro	616,000
Noruega	5,488,000

Países Bajos	17,602,000
Polonia	37,783,000
Portugal	10,293,000
Reino Unido	67,327,000
República Checa	10,487,000
Rumania	18,971,000
Rusia (en parte)	144,676,000
San Marino	34,000
Serbia	6,679,000
Suecia	10,444,000
Suiza	8,697,000
Turquía (en parte)	86,069,000
Ucrania	39,701,000

Países que forman parte del Mercado Común Europeo

El Mercado Común Europeo, también conocido como el Mercado Interior o Mercado Único Europeo, se refiere al área económica creada por los países miembros de la Unión Europea (UE) para permitir la libre circulación de bienes, servicios, capitales y personas. A partir de 2023, los 27 países que forman parte del Mercado Común Europeo son:

Alemania	Austria
Bélgica	Bulgaria
Chipre	Croacia
Dinamarca	Eslovaquia
Eslovenia	España
Estonia	Finlandia
Francia	Grecia
Hungría	Irlanda
Italia	Letonia

Lituania	Luxemburgo
Malta	Países Bajos
Polonia	Portugal
República Checa	Rumania
Suecia	

Además de los Estados miembros de la Unión Europea, otros países también participan en el Mercado Común Europeo a través del Espacio Económico Europeo (EEE) y acuerdos bilaterales. Estos países son:

Islandia	Liechtenstein	Noruega

País que tiene un acuerdo bilateral con la UE:

Suiza que, aunque no es miembro del EEE, tiene acuerdos bilaterales con la UE que le permiten participar en muchos aspectos del Mercado Único.

El Reino Unido:
El Reino Unido, tras el Brexit, dejó de ser miembro del Mercado Único Europeo el 31 de diciembre de 2020. Sin embargo, sigue teniendo relaciones comerciales con la UE basadas en el Acuerdo de Comercio y Cooperación entre la UE y el Reino Unido.

Por lo tanto, los países que forman parte del Mercado Común Europeo a través de la UE y el EEE son 31 en total.

Principales Productos Exportados por la Unión Europea

Vehículos de Motor:
Incluye automóviles y sus partes. Este sector es uno de los más significativos en las exportaciones de la UE, con un valor de exportación que supera los 200 mil millones de euros.

Productos Químicos:
Los productos químicos, que abarcan desde productos farmacéuticos hasta productos químicos industriales, son otro componente clave, con exportaciones que también alcanzan cifras significativas.

Medicamentos:
Los medicamentos acondicionados para la venta al por menor son un producto destacado, con exportaciones que superan los 100 mil millones de dólares.

Petróleo Refinado:
Este producto también se encuentra entre los principales, con exportaciones que rondan los 136 mil millones de dólares.

Maquinaria y Equipos:
La maquinaria, que incluye equipos industriales y de construcción, representa una parte importante de las exportaciones de la UE.

Productos Agroalimentarios:
La UE es el mayor exportador mundial de productos agroalimentarios, con exportaciones que alcanzan aproximadamente 138 mil millones de euros,

incluyendo productos como vino, queso y otros alimentos procesados.

Gas Petróleo:
Las exportaciones de gas petróleo también son significativas, reflejando la capacidad de la UE para exportar recursos energéticos.

Otros Productos Manufacturados:
Esto incluye una variedad de bienes manufacturados que son competitivos en el mercado global.

Principales Productos Importados por la Unión Europea

La Unión Europea (UE) es uno de los mayores importadores de bienes y servicios en el mundo. En cuanto a los servicios, las compras de la UE superan los 800.000 millones de dólares anuales, lo que la posiciona como un actor clave en el comercio internacional. Los principales productos son:

Energía:
Petróleo Crudo y Productos Derivados: La UE importa una gran cantidad de petróleo crudo y productos refinados para satisfacer sus necesidades energéticas.

Gas Natural:
La UE también es un gran importador de gas natural, tanto en forma de gas natural licuado (GNL) como a través de gasoductos.

Productos Químicos:
Incluye productos químicos orgánicos e inorgánicos, fertilizantes, plásticos y productos químicos especializados.

Productos Farmacéuticos:
La UE importa medicamentos y otros productos farmacéuticos.

Maquinaria Industrial:
Equipos industriales, maquinaria para la construcción y maquinaria para manufactura.

Equipos Electrónicos:
Incluye computadoras, teléfonos móviles, semiconductores y otros equipos electrónicos y de telecomunicaciones.

Automóviles:
La UE importa automóviles, camiones y vehículos comerciales.

Partes y Accesorios de Vehículos:
Incluye partes de automóviles, motocicletas y otros vehículos de motor.

Frutas y Verduras:
La UE importa una gran variedad de frutas y verduras frescas y procesadas.
Entre los principales países exportadores de frutas y verduras a la Unión Europea tenemos a España que encabeza el ranking mundial de los principales países exportadores de fruta al registrar un volumen de exportación al resto de los países europeos de 14,3 millones de toneladas métricas en 2022.

Los Estados Unidos exportan una variedad de frutas a la UE, incluyendo productos como manzanas y arándanos.

Otros países como Marruecos, conocido por sus exportaciones de naranjas, Brasil, que es uno de los principales proveedores de naranjas y piñas, también Turquía con un acuerdo especial con la UE que facilita la exportación de frutas, siendo un proveedor importante en este sector.

Productos del Mar:
Incluye pescado fresco y congelado, mariscos y productos derivados del mar.

Café, Té y Especias:
Gran importador de café, té y especias de diversas partes del mundo.

Ropa y Calzado:
Incluye ropa de moda, prendas deportivas y ropa interior, zapatos de cuero, sintéticos y otros tipos de calzado.

Minerales y Minerales Metálicos:
La UE importa una variedad de minerales y minerales metálicos para sus industrias.

Productos de Acero y Aluminio:
Incluye productos semiacabados y acabados de acero y aluminio.

Electrodomésticos:
Aparatos de cocina, equipos de limpieza y otros electrodomésticos.

Muebles y Artículos para el Hogar:
Muebles, artículos de decoración y otros productos para el hogar.

Textiles:
Incluye tejidos, hilados y otros productos textiles.

Materias Primas:
Algodón, lana y otros materiales utilizados en la producción textil.

Productos de Tecnología de la Información y Comunicaciones (TIC):
Dispositivos TIC: teléfonos inteligentes, tabletas, ordenadores y otros dispositivos TIC.
Componentes TIC: Incluye chips, circuitos integrados y otros componentes electrónicos.

Los Principales Países Proveedores:

Los principales socios comerciales de la UE son China, Estados Unidos, Rusia, Suiza, y varios países del Espacio Económico Europeo (EEE) y de la Asociación Europea de Libre Comercio (EFTA).

ASIA

La población de Asia es de 4.775 millones de habitantes al año 2023, es casi el 70 % de la población mundial y está distribuida en los 48 países reconocidos, que la componen.

Afganistán	40,100,000
Arabia Saudita	35,950,000
Armenia	2,963,000
Azerbaiyán	10,165,000
Bangladesh	169,356,000
Baréin	1,727,000
Birmania (Myanmar)	55,310,000
Brunéi	439,000
Bután	787,000
Camboya	16,589,000
Catar	2,994,000
China	1,411,750,000
Chipre (en parte)	1,207,000
Corea del Norte	26,069,000
Corea del Sur	52,015,000
Emiratos Árabes Unidos	9,890,000
Filipinas	113,885,000
Georgia	3,686,000
India	1,409,605,000
Indonesia	277,564,000
Irak	43,553,000
Irán	89,172,000
Israel	9,656,000
Japón	124,638,000
Jordania	10,472,000
Kazajistán	19,186,000
Kirguistán	6,637,000
Kuwait	4,556,000
Laos	7,781,000
Líbano	5,320,000
Malasia	34,011,000
Maldivas	554,000

Mongolia	3,406,000
Nepal	30,547,000
Omán	4,743,000
Pakistán	241,499,000
Palestina	5,227,000
Rusia (en parte)	144,676,000
Singapur	5,700,000
Siria	22,125,000
Sri Lanka	22,044,000
Tayikistán	10,143,000
Tailandia	71,697,000
Timor Oriental	1,374,000
Turkmenistán	6,318,000
Uzbekistán	35,482,000
Vietnam	100,334,000
Yemen	33,125,000

Asia es un continente con una gran diversidad económica y un papel fundamental en el comercio mundial. Entre los principales países exportadores de Asia y los productos que exportan se encuentran:

1. China
Principales Productos de Exportación:
Productos Electrónicos: Teléfonos móviles, computadoras, semiconductores y otros equipos electrónicos.
Maquinaria: Maquinaria industrial, equipos de generación de energía.
Ropa y Textiles: Prendas de vestir, tejidos y calzado.
Productos Químicos: Productos químicos orgánicos e inorgánicos, fertilizantes.
Muebles: Muebles para el hogar y la oficina.

2. Japón
Principales Productos de Exportación:
Automóviles: Vehículos de pasajeros, camiones y autobuses.
Maquinaria y Equipo Electrónico: Robots industriales, equipos de telecomunicaciones.
Productos Químicos: Productos farmacéuticos y químicos especializados.
Electrónica de Consumo: Televisores, cámaras y equipos de audio.
Acero y Metales: Productos de acero y metales no ferrosos.

3. Corea del Sur
Principales Productos de Exportación:
Semiconductores: Chips de memoria, microprocesadores.
Automóviles: Vehículos de pasajeros y partes de automóviles.
Productos Electrónicos: Teléfonos inteligentes, pantallas LCD.
Petroquímicos: Productos químicos derivados del petróleo.
Buques y Embarcaciones: Construcción naval y plataformas offshore.

4. India
Principales Productos de Exportación:
Productos de Tecnología de la Información (IT): Software, servicios de TI.
Productos Farmacéuticos: Medicamentos genéricos y vacunas.
Textiles y Prendas de Vestir: Ropa, tejidos de algodón y seda.
Productos Agroalimentarios: Arroz, especias, frutas y verduras.
Joyería: Oro, diamantes y piedras preciosas.
5. Singapur
Principales Productos de Exportación:
Electrónica: Semiconductores, circuitos integrados.

Productos Químicos: Productos petroquímicos, productos farmacéuticos.
Equipos de Refinación de Petróleo: Combustibles refinados, productos derivados del petróleo.
Maquinaria: Maquinaria industrial y equipos electrónicos.
Servicios Financieros: Exportación de servicios financieros y de TI.

6. Taiwán
Principales Productos de Exportación:
Semiconductores: Chips de memoria, microprocesadores.
Productos Electrónicos: Computadoras, teléfonos móviles, componentes electrónicos.
Maquinaria: Maquinaria industrial y equipos de automatización.
Productos de Plástico y Caucho: Artículos de plástico y caucho.
Textiles: Tejidos y prendas de vestir.

7. Hong Kong
Principales Productos de Exportación:
Productos Electrónicos: Circuitos integrados, teléfonos móviles.
Joyería: Oro, diamantes y relojes.
Maquinaria y Equipo de Transporte: Componentes electrónicos, equipos de telecomunicaciones.
Ropa y Prendas de Vestir: Textiles y ropa.
Servicios Financieros: Exportación de servicios financieros y comerciales.

8. Malasia
Principales Productos de Exportación:
Productos Electrónicos: Circuitos integrados, semiconductores.
Aceite de Palma: Productos derivados del aceite de palma.

Goma y Productos de Caucho: Caucho natural y productos de caucho.
Gas Natural Licuado (GNL): Exportaciones de GNL.
Maquinaria y Equipos: Maquinaria industrial y equipos eléctricos.

9. Tailandia
Principales Productos de Exportación:
Vehículos y Partes de Vehículos: Automóviles, partes y accesorios.
Productos Electrónicos: Computadoras, circuitos integrados.
Alimentos y Bebidas: Arroz, frutas, productos pesqueros.
Productos Químicos: Productos químicos y petroquímicos.
Joyería: Piedras preciosas, joyas.

10. Vietnam
Principales Productos de Exportación:
Textiles y Prendas de Vestir: Ropa, calzado.
Productos Electrónicos: Teléfonos móviles, computadoras.
Productos Agroalimentarios: Café, arroz, mariscos.
Muebles: Muebles de madera.
Calzado: Zapatos y sandalias.

Principales productos que importan los países de Asia

Maquinaria y Equipos:

La maquinaria, que incluye equipos industriales y de construcción, es uno de los productos más importados. Esto es fundamental para el desarrollo de infraestructuras y la industrialización en muchos países asiáticos.

Productos Electrónicos:

Los dispositivos electrónicos, como teléfonos móviles, computadoras y componentes electrónicos, son importados en grandes cantidades, especialmente desde países como China, Japón y Corea del Sur.

Petróleo y Productos Energéticos:

Muchos países asiáticos, especialmente aquellos sin recursos energéticos suficientes, dependen de las importaciones de petróleo crudo y gas natural para satisfacer su demanda energética.

Productos Químicos:

Los productos químicos, que abarcan desde productos farmacéuticos hasta productos industriales, son esenciales para diversas industrias y son importados en grandes volúmenes.

Alimentos y Productos Agroalimentarios:

La importación de alimentos, incluyendo cereales, frutas y productos lácteos, es crucial para garantizar la seguridad alimentaria en muchos países asiáticos, especialmente aquellos con limitaciones en la agricultura.

Vehículos y Partes de Vehículos:

Aunque Asia es un importante productor de automóviles,

también importa vehículos y partes, especialmente de marcas de renombre internacional.

Metales y Minerales:

La región importa metales como el acero, aluminio y otros minerales necesarios para la construcción y manufactura.

Textiles y Ropa:

La importación de textiles y prendas de vestir es significativa, tanto para el consumo interno como para la producción en el sector de la moda.

La diversidad de productos importados por los países de Asia refleja la compleja red de comercio y la interdependencia económica en la región.

CONTINENTE AMERICANO

En el continente americano hay actualmente 35 países con una población total de 1.100 millones de habitantes al 2023.-

América del Norte	
Canadá	39,500,000
Estados Unidos	339,996,000
México	133,755,000
América Central	
Belice	411,000
Costa Rica	5,306,000
El Salvador	6,496,000
Guatemala	20,117,000
Honduras	11,156,000
Nicaragua	7,026,000
Panamá	4,669,000
Caribe	
Antigua y Barbuda	94,000
Bahamas	368,000
Barbados	287,000
Cuba	11,113,000
Dominica	73,000
Granada	126,000
Haití	11,706,000
Jamaica	2,825,000
República Dominicana	11,332,000
San Cristóbal y Nieves	48,000
San Vicente las Granadinas	111,000
Santa Lucía	183,000
Trinidad y Tobago	1,403,000
América del Sur	
Argentina	46,479,000
Bolivia	12,225,000

Brasil	214,326,000
Chile	20,045,000
Colombia	54,132,000
Ecuador	19,386,000
Guyana	789,000
Paraguay	7,690,000
Perú	35,502,000
Surinam	618,000
Uruguay	3,473,000
Venezuela	33,244,000

Principales productos que exporta América del Norte

América del Norte, compuesta principalmente por Canadá, Estados Unidos y México, es una región económica diversa y una potencia en el comercio internacional.

Estados Unidos
Principales Productos de Exportación:
Maquinaria y Equipo Electrónico: Semiconductores, computadoras, teléfonos móviles.
Vehículos y Partes de Vehículos: Automóviles, camiones y partes de vehículos.
Productos Químicos: Productos químicos orgánicos, plásticos y resinas.
Aeronaves y Piezas Aeronáuticas: Aviones, helicópteros y componentes de aviación.
Equipos Médicos y Farmacéuticos: Medicamentos, equipos médicos y productos farmacéuticos.

Petróleo Refinado y Derivados del Petróleo: Gasolina, diésel y otros productos refinados.
Alimentos y Productos Agrícolas: Soja, maíz, carne de res y cerdo.
Productos de Alta Tecnología: Equipos de telecomunicaciones y software.

Canadá
Principales Productos de Exportación:
Petróleo Crudo y Derivados del Petróleo: Petróleo crudo, gasolina y diésel.
Vehículos y Partes de Vehículos: Automóviles y partes de vehículos.
Minerales y Metales: Oro, níquel, aluminio y cobre.
Productos Madereros y Papel: Madera, pulpa de madera y productos de papel.
Maquinaria y Equipos Industriales: Maquinaria pesada y equipos industriales.
Productos Alimenticios: Trigo, canola, carne de res y productos del mar.
Productos Químicos y Plásticos: Productos químicos industriales y plásticos.
Equipos de Aviación: Aviones y piezas de aeronaves.

México
Principales Productos de Exportación:
Vehículos y Partes de Vehículos: Automóviles, camiones y partes de vehículos.
Maquinaria y Equipo Electrónico: Televisores, computadoras y teléfonos móviles.

Petróleo Crudo y Productos Refinados: Petróleo crudo y derivados del petróleo.
Productos Agrícolas y Alimentos Procesados: Aguacates, frutas, hortalizas y productos de confitería.
Equipos de Telecomunicaciones: Teléfonos móviles y componentes electrónicos.
Productos Manufacturados: Electrodomésticos, maquinaria y productos manufacturados diversos.
Minerales y Metales: Plata, cobre y otros metales.
Textiles y Prendas de Vestir: Ropa y textiles.

Tratados Comerciales:
La región se beneficia de acuerdos comerciales como el Tratado entre México, Estados Unidos y Canadá (T-MEC), que facilita el comercio y la integración económica.

Innovación Tecnológica:
Los productos de alta tecnología y la innovación en sectores como el aeroespacial, automotriz y electrónico son cruciales para las exportaciones de la región.

Energía:
La producción y exportación de petróleo y productos energéticos sigue siendo una parte fundamental de las economías de Canadá y Estados Unidos.

Principales productos importados por América del Norte

Es una región con economías dinámicas que importan una amplia variedad de productos para satisfacer sus necesidades industriales y de consumo.

Estados Unidos
Principales Productos de Importación:
Petróleo Crudo y Productos Derivados: Petróleo crudo, gasolina y diésel.
Vehículos y Partes de Vehículos: Automóviles, camiones y partes de vehículos.
Equipos Electrónicos y Maquinaria: Computadoras, teléfonos móviles, maquinaria industrial.
Productos Químicos y Farmacéuticos: Medicamentos, productos químicos industriales.
Productos Alimenticios y Bebidas: Frutas, verduras, café, vino, pescado y mariscos.
Ropa y Calzado: Prendas de vestir, calzado.
Minerales y Metales: Aluminio, cobre, hierro y otros minerales.
Equipos de Telecomunicaciones: Dispositivos de comunicación, componentes electrónicos.

Canadá
Principales Productos de Importación:
Vehículos y Partes de Vehículos: Automóviles, camiones y partes de vehículos.
Maquinaria y Equipos Electrónicos: Computadoras, teléfonos móviles, maquinaria industrial.
Productos Químicos: Productos químicos industriales, fertilizantes.
Petróleo Crudo y Productos Refinados: Petróleo crudo, gasolina y diésel.
Productos Alimenticios y Bebidas: Frutas, verduras, vino, carne y productos del mar.
Ropa y Calzado: Prendas de vestir, calzado.

Minerales y Metales: Hierro, acero, cobre y aluminio.
Equipos Médicos y Farmacéuticos: Medicamentos, equipos médicos.

México
Principales Productos de Importación:
Maquinaria y Equipos Electrónicos: Computadoras, teléfonos móviles, maquinaria industrial.
Vehículos y Partes de Vehículos: Automóviles, camiones y partes de vehículos.
Productos Químicos: Productos químicos industriales, fertilizantes.
Petróleo Crudo y Productos Refinados: Gasolina, diésel y otros productos derivados del petróleo.
Productos Alimenticios y Bebidas: Cereales, frutas, verduras, productos lácteos.
Ropa y Calzado: Prendas de vestir, calzado.
Minerales y Metales: Hierro, acero, cobre y aluminio.
Equipos Médicos y Farmacéuticos: Medicamentos, equipos médicos.

Factores que Influencian las Importaciones

Necesidades Industriales:

La demanda de maquinaria, equipos industriales y componentes electrónicos impulsan las importaciones para mantener la competitividad en la manufactura y la tecnología, y en el desarrollo de nuevos productos.

Energía:
La necesidad de petróleo crudo y sus productos derivados para la refinación y consumo energético.

Consumo Doméstico:
Productos alimenticios, ropa y calzado para satisfacer las necesidades del mercado interno.

Salud y Bienestar:
Importación de productos farmacéuticos y equipos médicos para atender la demanda de servicios de salud.

Impacto de Tratados Comerciales:
T-MEC (USMCA): Facilita el comercio de bienes entre Canadá, Estados Unidos y México, reduciendo aranceles y barreras comerciales.

Acuerdos Bilaterales y Multilaterales:
Además de T-MEC, los países de América del Norte tienen múltiples acuerdos comerciales que facilitan la importación de bienes de todo el mundo.

Principales productos exportados por América Central y el Caribe

América Central y el Caribe, con sus economías diversificadas y en desarrollo, son regiones importantes en el comercio internacional, especialmente en productos agrícolas, minerales y turismo.

Entre los principales productos que exportan se pueden mencionar:

Café:
Uno de los principales productos agrícolas de exportación.
Bananas:
Gran parte de la producción se exporta a Estados Unidos y Europa.
Azúcar:
Azúcar de caña es un producto clave de exportación.
Vegetales y Frutas:
Principalmente frutas tropicales y vegetales frescos.
Aceite de Palma:
Utilizado en alimentos y productos cosméticos.
Camarones y Mariscos:
Productos del mar son una exportación clave.
Minerales y metales preciosos:
Entre los principales minerales y metales preciosos exportados por América Central y el Caribe se incluyen oro, zinc, plata, plomo, aluminio y níquel, con Nicaragua y Honduras liderando en las exportaciones de oro y zinc, respectivamente.
Maní:
Producto agrícola importante.
Plantas y Flores:
Exportación de plantas ornamentales.
Tabaco:
Puros y productos relacionados con el tabaco.
Ron:
Bebidas alcohólicas.
Servicios Financieros, Turísticos y Logísticos: Exportación de servicios relacionados con el Canal de Panamá.

Principales productos importados por América Central y el Caribe

América Central y el Caribe importan una gran variedad de productos para satisfacer sus necesidades industriales, tecnológicas y de consumo.

Los principales productos son:
Maquinaria y Equipo: Maquinaria agrícola, industrial y de construcción.
Productos Químicos: Fertilizantes, productos farmacéuticos y químicos industriales.
Productos Electrónicos: Computadoras, teléfonos móviles y electrodomésticos.
Combustibles y Lubricantes: Petróleo crudo, gasolina y diésel.
Productos Alimenticios: Trigo, maíz, lácteos y productos procesados.

Principales productos que exporta América del Sur

América del Sur es principalmente una región muy rica en recursos naturales y materias primas, que se destacan como sus principales productos de exportación.

Minerales y Metales:

Cobre: Exportado por Chile y Perú, ambos entre los mayores productores de cobre a nivel mundial.

Hierro: El Brasil es uno de los mayores exportadores de mineral de hierro.
Oro y Plata: Exportados por Perú, Bolivia, y Argentina en cantidades significativas.
Litio: Bolivia, Chile y Argentina tienen grandes reservas de litio, vital para baterías recargables.

Productos Agroindustriales:

Soja y sus derivados: Brasil y Argentina son los principales productores y exportadores de soja, aceite de soja y harina de soja.
Café: Brasil es el mayor exportador de café del mundo, seguido por Colombia.
Azúcar y etanol: Brasil también se destaca como un importante exportador de azúcar y etanol (derivado de la caña de azúcar).
Frutas tropicales: Países como Ecuador, Colombia y Perú exportan grandes cantidades de bananos, mangos, piñas y aguacates.
Vino: Chile y Argentina son reconocidos por sus exportaciones de vinos de alta calidad.

Petróleo y Gas:

Petróleo crudo: Venezuela, Brasil y Colombia, son grandes exportadores de petróleo.
Gas natural: Bolivia y Argentina exportan gas natural a sus países vecinos.

Productos Pesqueros:

Pescados y mariscos: Perú es un importante exportador de productos pesqueros, especialmente harina de pescado y productos congelados.

Productos Forestales:

Madera y pulpa de papel: Brasil es un importante productor y exportador de madera, celulosa y papel.

Productos Cárnicos:

Argentina, Brasil y Uruguay exportan carnes de res, cerdo y pollo.

Entre los productos industrializados que exportan los países de la región, se pueden mencionar:

Brasil:

Automóviles y autopartes: Brasil tiene una importante industria automotriz, exporta automóviles y partes a varios países dentro de la región y hacia Europa.
Aeronaves: La empresa Embraer es una de las mayores industrias aeronáuticas del mundo, fabrica aviones comerciales y ejecutivos.
Acero: Produce y exporta acero y otros productos metalúrgicos derivados del hierro.
Productos químicos: Exporta una amplia gama de productos químicos industriales y agrícolas, como ser fertilizantes y petroquímicos.

Argentina:

Vehículos y maquinaria: Al igual que Brasil, Argentina exporta vehículos, tractores y maquinaria agrícola, dado que tiene una industria muy importante.
Productos alimenticios procesados: Además de los productos agrícolas, Argentina exporta alimentos procesados, como aceites refinados, productos de soja industrializada y carnes envasadas.
Productos farmacéuticos: Argentina cuenta con una industria farmacéutica desarrollada, lo que le permite exportar medicamentos e insumos médicos.

Chile:

Productos de cobre refinado: Chile no solo exporta mineral de cobre, sino que también lo procesa en productos refinados como cátodos de cobre, que se utilizan en la industria electrónica y de la construcción.
Vino embotellado: Aunque el vino es un producto agrícola, el vino embotellado es considerado un producto industrializado debido a los procesos de producción, embotellamiento y exportación.
Productos forestales y papel: Chile tiene una industria forestal significativa, exportando productos derivados como papel, pulpa de celulosa y madera procesada.

Colombia:

Textiles y ropa: Colombia ha desarrollado una industria textil

considerable, exportando ropa, calzado y otros productos manufacturados.
Productos químicos y plásticos: Colombia exporta una variedad de productos químicos industriales y de consumo, como plásticos y productos petroquímicos.

Perú:

Textiles de alpaca: Perú es conocido por su industria textil, especialmente la producción y exportación de prendas hechas de fibra de alpaca, que es muy valorada en el mercado global.
Productos pesqueros procesados: Perú tiene una gran industria pesquera y es uno de los principales exportadores de harina y aceite de pescado, además de productos pesqueros envasados y congelados.
Joyas: La industria joyera de Perú, basada en la extracción de metales preciosos como el oro y la plata, exporta una amplia gama de productos de alta calidad.

Uruguay:

Lácteos: El Uruguay exporta productos lácteos industrializados, como leche en polvo, queso y mantequilla o manteca.
Pulpa de celulosa: Al igual que Chile, Uruguay tiene una importante industria forestal que exporta pulpa de celulosa para la fabricación de papel.

Ecuador:

Atún enlatado: Ecuador es uno de los principales exportadores de atún enlatado, con una importante industria pesquera y de

procesamiento del atún muy desarrollada.
Aceites esenciales: Ecuador exporta una variedad de aceites esenciales, productos utilizados en la industria de cosméticos y farmacéutica.

Venezuela:

Productos derivados del petróleo: A pesar de su situación política y económica, Venezuela sigue exportando productos refinados del petróleo, como gasolina, diésel y lubricantes.

Principales productos importados por América del Sur

América del Sur importa productos esenciales para poder complementar sus industrias y satisfacer las necesidades del mercado. Los principales productos importados incluyen bienes de consumo, maquinaria, tecnología, productos químicos, combustibles y otros artículos manufacturados.

Maquinaria y equipo de transporte:

Maquinaria industrial: Las industrias en países como Brasil, Argentina y Chile requieren maquinaria pesada para desarrollar la minería, agricultura, construcción y fabricación.
Equipos electrónicos y tecnológicos: Importan computadoras, teléfonos móviles, equipos médicos y productos de alta tecnología, generalmente desde Estados Unidos, Europa y Asia.
Vehículos: Automóviles, camiones y otros tipos de transporte terrestre son importados desde países con grandes industrias

automotrices, como Estados Unidos, Japón, Alemania y Corea del Sur.

Productos químicos y farmacéuticos:

Productos farmacéuticos: Medicamentos y productos médicos en general, son importados desde Estados Unidos, Europa y algunos países asiáticos para satisfacer las demandas de los sistemas de salud locales.
Fertilizantes y productos químicos: América del Sur, con su fuerte sector agrícola, depende de la importación de fertilizantes, productos agroquímicos y plásticos para mejorar la productividad agrícola y para la industria.

Productos derivados del petróleo:

Combustibles: Algunos países sudamericanos, como Venezuela y Brasil, producen petróleo, muchos otros importan combustibles refinados como gasolina y diésel, especialmente cuando las refinerías locales no son suficientes.
Lubricantes y petroquímicos: Estos productos se importan para la industria automotriz, la manufactura y otros sectores industriales.

Alimentos y productos agrícolas:

Trigo y otros granos: Países como Brasil y Perú importan trigo y otros granos, especialmente desde Estados Unidos y Canadá, para su industria alimentaria.
Productos alimenticios procesados: Se importan alimentos procesados, incluidos productos de consumo masivo, como

conservas, productos lácteos, aceites comestibles y alimentos preparados.

Tecnología y equipos de telecomunicaciones:

Teléfonos móviles, computadoras, componentes electrónicos: Con el crecimiento de las telecomunicaciones, los países de América del Sur importan grandes volúmenes de productos electrónicos, principalmente desde China, Corea del Sur y Estados Unidos.
Equipos de telecomunicaciones: También incluye la infraestructura para redes de telefonía, internet y telecomunicaciones en general.

Productos industriales y manufacturados:

Ropa y textiles: Algunos países de la región tienen industrias textiles importantes, pero también, muchos importan ropa, calzado y textiles desde Asia, principalmente China, India y Bangladesh.
Electrodomésticos y equipos de consumo: Los países de América del Sur importan una variedad de electrodomésticos y dispositivos electrónicos de consumo, como televisores, refrigeradores y lavadoras.

Metales y productos de acero:

Acero y aluminio: Brasil es un importante productor de acero, pero otros países de la región, como Argentina y Chile, importan productos de acero, aluminio y otros metales para la construcción y la manufactura.

Equipos médicos y de salud:

Aparatos médicos: Equipos como tomógrafos, respiradores y otros dispositivos avanzados de salud se importan desde Estados Unidos, Europa y Asia.
Suministros médicos: Incluyen productos como jeringas, agujas, guantes y equipos de protección personal, necesarios para el sistema de salud.

Productos tecnológicos de energía renovable:

Paneles solares y turbinas eólicas: A medida que los países sudamericanos buscan diversificar su matriz energética, aumentan las importaciones de paneles solares y equipos relacionados con la energía eólica y otras fuentes de energía renovable.

Bienes de consumo de lujo:

Automóviles de lujo: América del Sur importa automóviles y otros productos de lujo, como ropa y relojes de alta gama, especialmente para satisfacer la demanda en mercados como Brasil y Argentina.
Productos cosméticos: Importan perfumes, cosméticos y productos de belleza, especialmente desde Europa y Estados Unidos.

CONTINENTE AFRICANO

Hay 54 naciones en el Continente Africano y entre estas naciones hay 17 territorios pertenecientes a países no Africanos como España, Portugal o Francia y hay 6 territorios que no son reconocidos por la comunidad.

Los países que conforman el Continente Africano por cantidad de población:

Nigeria	221 439 000
Rep. Democrática del Congo	110 967 000
Etiopía	106 276 000
Egipto	106 032 000
Tanzania	62 450 000
Sudáfrica	61 055 000
Kenia	50 987 000
Sudán	47 856 000
Argelia	46 111 000
Uganda	43 287 000
Marruecos	36 284 000
Angola	33 601 000
Mozambique	32 079 000
Ghana	31 817 000
Costa de Marfil	30 463 000
Madagascar	28 091 000
Camerún	26 519 000
Níger	25 558 000
Malí	22 939 000
Burkina Faso	22 482 000
Zambia	19 862 000
Malaui	19 585 000
Senegal	18 011 000

Somalia	17 865 000
Chad	17 723 000
Zimbabue	15 345 000
Sudán del Sur	14 744 000
Guinea	13 424 000
Ruanda	13 405 000
Benín	13 117 000
Burundi	12 998 000
Túnez	11 915 000
Togo	8 211 000
Sierra Leona	7 632 000
Libia	7 246 000
República del Congo	6 038 000
República Centroafricana	5 658 000
Liberia	4 818 000
Mauritania	4 423 000
Eritrea	3 716 000
Namibia	2 619 000
Gambia	2 395 000
Botsuana	2 372 000
Gabón	2 320 000
Lesoto	2 100 000
Guinea-Bisáu	1 679 000
Guinea Ecuatorial	1 585 000
Mauricio	1 261 000
Yibuti	1 188 000
Suazilandia (o Esuatini)	1 138 000
Comoras	836 000
Cabo Verde	573 000
Santo Tomé y Príncipe	222 000
Seychelles	101 000

Principales productos exportados por el Continente Africano

África, un continente con una vasta riqueza de recursos naturales, es conocido por la exportación de una variedad de productos.

Petróleo Crudo
Países Exportadores Principales: Nigeria, Angola, Libia, Argelia.
El petróleo crudo es una de las principales exportaciones de África, siendo esencial para las economías de estos países. Se exporta a todo el mundo, especialmente a Europa, América y Asia.

Minerales y Metales
Oro: Sudáfrica, Ghana, Mali, Tanzania.
Diamantes: Botswana, Sudáfrica, Namibia, República Democrática del Congo (RDC).
Cobre: Zambia, RDC.
Platino: Sudáfrica.
Hierro: Sudáfrica, Mauritania.
África es rica en minerales y metales preciosos, que son cruciales para la industria mundial de joyería, tecnología y manufactura.

Café y Cacao
Café: Etiopía, Uganda, Côte d'Ivoire.
Cacao: Côte d'Ivoire, Ghana, Nigeria.
Estos productos agrícolas son esenciales para las economías de los países de África Occidental y Oriental. Côte d'Ivoire y Ghana son los mayores productores mundiales de cacao.

Frutas y Productos Agrícolas
Frutas Tropicales: Plátanos, piñas (Costa de Marfil, Ghana).
Té: Kenia, Tanzania.
Flores: Kenia, Etiopía.
La exportación de frutas, té y flores es vital para las economías de varios países africanos, especialmente en el este de África.

Productos Pesqueros y Mariscos
Países Exportadores Principales: Marruecos, Mauritania, Seychelles.
Descripción: Los productos del mar, incluyendo pescado y mariscos, son exportados a mercados en Europa y Asia.

Textiles y Ropa
Países Exportadores Principales: Egipto, Etiopía, Lesoto.
La industria textil y de ropa en África está creciendo, con exportaciones significativas a Europa y América del Norte.

Goma y Madera
Goma: Liberia, Nigeria.
Madera: Gabón, Camerún, RDC.
La goma y la madera son exportaciones clave, utilizadas en la manufactura y construcción a nivel mundial.

Gases Naturales y Productos Petroquímicos
Países Exportadores Principales: Argelia, Egipto, Nigeria.
El gas natural y los productos petroquímicos son cruciales para la economía energética global.

Vino y Bebidas Alcohólicas

Países Exportadores Principales: Sudáfrica.
Sudáfrica es un importante exportador de vinos de alta calidad, reconocidos internacionalmente.

Productos del Tabaco
Países Exportadores Principales: Zimbabue, Malawi.
El tabaco es una exportación importante para algunos países de África, con grandes mercados en Europa y Asia.

Muchos países africanos dependen en gran medida de la exportación de recursos naturales, lo que los hace vulnerables a las fluctuaciones de los precios globales. La diversificación de las exportaciones es un objetivo clave para la estabilidad económica.

El Comercio Intra-Africano: La Zona de Libre Comercio Continental Africana (AfCFTA) busca aumentar el comercio entre los países africanos, reduciendo la dependencia de los mercados fuera del continente.

Principales productos importados por el Continente Africano

África importa una variedad de productos esenciales para sus economías y poblaciones. Estos productos van desde bienes de consumo hasta maquinaria y tecnología, reflejando las necesidades de desarrollo y crecimiento industrial del continente.

Tiene una alta dependencia de las importaciones alimentarias, gastando más de **40.625 millones de euros** en alimentos en el año 2019. Esto incluye productos como trigo, arroz y otros granos, siendo el trigo particularmente importante, ya que varios países dependen de las importaciones para satisfacer sus necesidades alimentarias.

Los principales productos que importa África son:

Maquinaria y Equipo de Transporte
Productos Químicos y Farmacéuticos
Combustibles y Lubricantes
Productos Alimenticios
Vehículos y Partes de Vehículos
Textiles y Ropa
Minerales y Metales Procesados
Productos de Plástico y Caucho
Equipos Médicos y Suministros de Salud

Dependencia de Importaciones:
Muchas economías africanas dependen en gran medida de la importación de maquinaria, tecnología y productos químicos para apoyar su crecimiento industrial y agrícola.

Diversificación de proveedores:
Los países africanos están diversificando sus fuentes de importación, buscando proveedores de diversas regiones para asegurar el suministro y obtener mejores precios.

La Infraestructura y la Logística:
La mejora de la infraestructura de transporte y logística es crucial para facilitar el flujo eficiente de productos importados dentro del continente.

La Economía del Continente

La fluctuación de las monedas y los desafíos económicos globales pueden impactar los costos y la accesibilidad de las importaciones.

Los productos que estos países importan reflejan las necesidades y prioridades para su desarrollo, destacando la importancia del comercio internacional en la economía del continente.

OCEANÍA

Oceanía tiene en total 14 países soberanos:

Australia, Nueva Zelanda, Fiji, Kiribati, Papua Nueva Guinea, Tonga, Vanuatu, Islas Salomón, Palau, Nauru, Tuvalu, Micronesia, Samoa e Islas Marshall.

Oceanía tiene también un total de 14 dependencias:

Nueva Caledonia (Francia) Polinesia Francesa (Francia) Islas Ashmore y Cartier (Australia) Islas Ultramarinas menores (USA.) Samoa Americana (USA.) Guam (USA.) Islas Cook (en parte de Nueva Zelanda) Niue (en parte de Nueva Zelanda) Islas Pitcairn (Reino Unido) Islas del Mar del Coral (Australia) Isla Norfolk (Australia) Wallis y Futuna (Francia) Tokelau (Nueva Zelanda) Islas Marianas del Norte (USA.)

Oceanía además tiene 5 territorios oceánicos integrados en estados no oceánicos:

Hawaii (USA.) Isla de Pascua (Chile) Papúa (Indonesia) Molucas (Indonesia) Papúa Occidental (Indonesia).

Los países más poblados de Oceanía son:

Australia: 26 000 000 Papúa Nueva Guinea: 11.000 000
Nueva Zelanda: 6.000.000 Fiyi: 950.000 Islas Salomón: 708.000
Vanuatu: 320.000 Samoa: 203.000 Kiribati: 129.000

Principales productos exportados por los países de Oceanía

Carbón:
Australia es uno de los mayores exportadores de carbón del mundo, utilizado principalmente para la generación de energía.

Minerales de Hierro:
Otro recurso clave, con Australia liderando las exportaciones globales.
Oro:

La minería del oro es una industria importante en Australia y Nueva Zelanda, contribuyendo significativamente a sus exportaciones.

Cereales:
Australia es un gran exportador de trigo y cebada, que se exportan principalmente a mercados de Asia y Medio Oriente.

Vino:
Nueva Zelanda y Australia son conocidos por sus vinos de alta calidad, que son muy valorados en mercados internacionales.

Productos Lácteos:
Nueva Zelanda es un importante exportador de productos lácteos, incluyendo leche en polvo, mantequilla y queso, que son esenciales para su economía.

Carne de Res y Cordero:
Australia es uno de los principales exportadores de carne de res y cordero, principalmente hacia Asia y América del Norte.

Pesca:
Los productos del mar, como el atún y otros pescados, son exportados en grandes cantidades, especialmente desde países insulares del Pacífico.

Productos Forestales:
La madera y productos derivados son también importantes, con Australia y Nueva Zelanda exportando madera de alta calidad.

Productos Químicos y Farmacéuticos:
Aunque en menor medida, también hay exportaciones de productos químicos y farmacéuticos, especialmente de Australia.

La economía de Oceanía está fuertemente basada en la exportación de recursos naturales y productos agrícolas, lo que refleja su riqueza en materias primas. Las exportaciones de minerales, productos agrícolas y alimentos son fundamentales para el comercio exterior de la región, y su importancia se ha incrementado en el contexto de la creciente demanda global, especialmente desde Asia.

Principales productos importados por los países de Oceanía

Productos Energéticos
Petróleo Crudo: Australia importa grandes cantidades de petróleo crudo para satisfacer su demanda energética.

Vehículos
Automóviles y Vehículos de Motor: Es una categoría importante de importaciones para los países de Oceanía.

Maquinaria y Equipos
Equipos Industriales y de Construcción: La maquinaria representa una parte significativa de las importaciones de la región.

Productos Electrónicos
Computadoras y Componentes Electrónicos: Son importados en grandes volúmenes por los países de Oceanía.

Productos Químicos
Productos Químicos con Diversas Aplicaciones: También son importados en grandes cantidades para abastecer a diferentes industrias.

Alimentos y Productos Agroalimentarios
Frutas, Verduras y Productos Lácteos: Los países de Oceanía importan una variedad de productos alimentarios para satisfacer la demanda interna.

Metales y Minerales
Acero y Otros Minerales: Son cruciales para la construcción y manufactura en la región.

Las importaciones de Oceanía se concentran principalmente en productos energéticos, vehículos, maquinaria, electrónicos, químicos, alimentos y metales, que son sus necesidades principales para consumo y para desarrollo industrial de los países de la región.

CAPÍTULO 4

COMENZANDO A EXPORTAR O IMPORTAR

Las principales Normas Internacionales de Protocolo

Las normas de protocolo en comercio internacional son prácticas y reglas establecidas para facilitar las interacciones comerciales entre empresas y países, asegurando que las transacciones sean llevadas a cabo de manera profesional y respetuosa.

Protocolo de Comunicación

Siempre ser claro y preciso en todas las comunicaciones escritas y verbales.
Utilizar el idioma acordado o un idioma internacional común, como el inglés. Considerar traducciones cuando sea necesario.
Mantener un tono formal en correos electrónicos, cartas y reuniones. Dirigirse a las personas por sus títulos y apellidos, a menos que se indique lo contrario.
Hacer seguimiento de las comunicaciones importantes con correos electrónicos de confirmación y mantener registros detallados.
Nunca dejar de responder una comunicación recibida dentro del marco del comercio internacional, lo más rápidamente posible y por el medio utilizado por el posible cliente.

Protocolo de Reuniones.

Ser puntual en todas las reuniones y citas de negocios.
Llegar preparado con todos los documentos necesarios y un conocimiento claro de los temas a tratar.
Seguir una agenda preestablecida y asegurarse de que todos los participantes tengan una copia.
Respetar las costumbres y normas culturales del país del socio comercial. Esto incluye el saludo adecuado, vestimenta y normas de comportamiento en reuniones.

Protocolo de Negociaciones

Mostrar respeto por la otra parte en todas las etapas de la negociación.
Mantener la confidencialidad de la información sensible y de las negociaciones.
Estar dispuesto a ser flexible y buscar compromisos cuando sea necesario para alcanzar un acuerdo beneficioso para ambas partes.

Protocolo de Documentación

Asegurarse de que todos los documentos comerciales sean precisos y cumplan con las regulaciones legales tanto locales como internacionales.
Proporcionar toda la documentación requerida, como facturas, certificados de origen, conocimientos de embarque y otros documentos aduaneros de manera transparente y oportuna.
Mantener registros detallados y organizados de todas las transacciones comerciales y correspondencias.

Protocolo de Logística y Transporte

Coordinar eficazmente con transportistas, agentes de aduanas y otros proveedores de servicios logísticos.
Utilizar tecnologías de trazabilidad y seguimiento para monitorear el envío y entrega de mercancías.
Asegurarse de que todos los envíos cumplan con las normativas de seguridad y aduanas.

Protocolo de Finanzas y Pagos

Acordar claramente los términos de pago y asegurarse de que sean entendidos y aceptados por ambas partes.
Utilizar métodos de pago seguros y fiables, como cartas de crédito, transferencias bancarias y otros instrumentos financieros.
Cumplir con todas las obligaciones fiscales y aduaneras en todas las jurisdicciones implicadas.

Protocolo de Cultura y Etiqueta

Investigar y entender las normas culturales y prácticas comerciales del país del socio comercial.
Seguir las normas de etiqueta de negocios locales, como intercambiar tarjetas de presentación de manera adecuada y comprender las jerarquías y estructuras empresariales locales.
Respetar las costumbres sociales y de hospitalidad del país anfitrión durante visitas de negocios.

Por ejemplo, en Japón, intercambiar tarjetas de presentación con ambas manos, realizar una ligera reverencia al saludar y evitar el contacto visual prolongado.

En Arabia Saudita, ser consciente de las normas religiosas y culturales, como evitar discutir temas políticos y religiosos, y respetar las costumbres de género y vestimenta.

En Alemania, valorar la puntualidad, ser directo y conciso en las negociaciones y mantener un alto nivel de formalidad en las interacciones de negocios.

Importancia de las Normas de Protocolo

Ayudan a prevenir malentendidos y conflictos, asegurando que las transacciones se realicen de manera fluida y profesional.

Facilitan la construcción de relaciones sólidas y duraderas entre socios comerciales de diferentes culturas y países.

Mantener un comportamiento profesional y respetuoso mejora la reputación de la empresa y genera confianza entre los socios comerciales.

Cumplir con estas normas de protocolo en el comercio internacional es fundamental para llevar a cabo transacciones exitosas y mantener relaciones comerciales efectivas y respetuosas.

El protocolo internacional de negocios son un conjunto de normas y reglas de conducta que los ejecutivos y directivos deben conocer al realizar negocios en otros países. Esto incluye aspectos como saludos, presentaciones, uso del espacio y del tiempo, costumbres en la mesa, y la entrega de regalos.

Comenzando a operar en comercio exterior

Una vez tomada la decisión de que nuestra empresa comience a operar en comercio exterior ya sea importando o exportando, es fundamental que nos preparemos adecuadamente para ello y nos involucremos e informemos sobre las normativas que rigen el comercio exterior de nuestro país, con respecto a los productos o insumos con los que vamos a trabajar.

Para ello podemos consultar a un gestor aduanero, agente de aduanas, o despachante de aduanas, que con la información que le suministremos sobre la mercadería a exportar o importar, consultará el Nomenclador Arancelario para ver la clasificación de dichas mercaderías ya que todos los productos existentes de una forma u otra se encuentran clasificados con un código que es válido para todo el mundo (con variaciones de algún dígito).

Esta codificación de mercancías fue establecida por la Organización Mundial de Aduanas, OMA y comprende a unos 5.000 grupos de mercaderías clasificándolas jerárquicamente por secciones, capítulos, partidas y subpartidas.

El Nomenclador Arancelario lo podemos tener adquiriéndolo impreso en papel con sus actualizaciones periódicas, o en forma digital. Esto nos permitirá, una vez que lo sepamos manejar, hacer nuestras propias consultas.

Localizado el producto y su código, podrá ver cuáles son las formalidades y requisitos para exportar o importar dicho producto, como así también los aranceles, preferencias arancelarias, impuestos, tasas, existencia de restricciones de algún tipo a la mercadería en cuestión y cualquier otra disposición vigente no arancelaria.

Con la información obtenida y en el caso de no existir impedimentos para la importación, podremos hacer el cálculo aproximado del costo final, sin olvidarnos de incluir los fletes, desde el país de origen hasta nuestro depósito, o solicitar al posible proveedor, que nos envíe la cotización CIF (Costo, Seguro y Flete) hasta nuestro puerto, a la que le sumaremos todas las cargas internas de nuestro país y de esa manera, sacar conclusiones acerca de la conveniencia o no de importar esa mercadería.

En caso de tratarse de una exportación, nos informaremos si no existe impedimento para ello, si hay algún arancel o impuesto específico y por otro lado, si existen reembolsos o devolución de impuestos internos etc. También nos informaremos sobre las normas e impuestos que tendrá el importador, si en el país de destino existen antecedentes de importaciones de la mercadería que queremos introducir y es conveniente hacer el cálculo de cuál es el costo final, que tendrá el cliente que compre nuestra mercadería, una vez colocada y liberada en el país de destino, para poder compararla con la ya existente, ya sea de producción nacional o importada por sus competidores y de esa manera analizar nuestro precio, tratando de ajustarlo a las necesidades del importador y a las nuestras, optimizando los costos y haciendo viable el negocio para ese mercado.

En cuanto a la organización interna de nuestra empresa, necesaria para iniciar la operatoria de comercio internacional, la misma dependerá evidentemente del presupuesto que podamos destinar a ello. Deberá estar conformada por un responsable del sector con conocimientos y experiencia, más los asistentes necesarios según la magnitud de la operación. Preferentemente que hablen inglés correctamente y si es posible otro idioma como ser el del país al que queremos exportar o importar las mercaderías.

Esta "estructura" que en un principio se ocupará de todas las tareas necesarias, a medida que se incrementen los negocios, deberá acompañar el crecimiento con personal especializado en diferentes áreas, es decir en logística, aduanas, administración con manejo de la documentación utilizada en comercio exterior, en el área de finanzas el personal manejará los documentos de pago como los llamados créditos documentarios, cartas de crédito y todas las formas empleadas entre los países etc. Los instrumentos de pago utilizados y sus características, serán tratados en otro capítulo de este libro.

Cuando se inicia en comercio exterior, con una pequeña estructura, muchas tareas pueden ser efectuadas por prestadores de servicios externos. Fundamentalmente el agente aduanero podrá preparar toda la documentación necesaria e informarnos sobre los aranceles, impuestos etc. que debamos abonar. Una empresa logística podrá ocuparse de nuestras mercaderías, del manejo del stock, preparación de pedidos, la distribución y así con otras empresas de servicios.

De esta manera, no tendremos gastos fijos que mantener cuando no tengamos en marcha una importación o exportación y sólo tendremos que pagar por los servicios recibidos y pactados previamente.

En el país donde queremos colocar los productos, es conveniente tener un socio local que puede ser inicialmente nuestro cliente con el que estableceremos pautas de ventas, distribución y alcances del acuerdo, esto nos puede facilitar las cosas.

Una forma de mantenerse informado ya sea como importador o exportador, es asistir a las ferias internacionales del rubro al que pertenecen nuestros productos, como expositor o visitante, de manera de estar al tanto de los precios, novedades y sobre todo establecer contactos con potenciales clientes o proveedores.

Ejemplo de una tabla básica utilizada en la mayoría de los países, para el cálculo del costo final en una _importación_ de mercadería.

(Los términos y abreviaturas utilizados en esta tabla están descriptos en el capítulo siguiente Nro. 5 "Incoterms").

Nomenclatura Arancelaria: _____
Valor FOB: u$s_____

CONCEPTO	IMPORTE
Valor FOB (free on board - libre a bordo)	U$S 000,00
Seguro Internacional	U$S 000,00
Flete Internacional	U$S 000,00

Base Imponible CIF	U$S 000,00
Arancel de Importación: xx % sobre Base Imponible	U$S 000,00
Otros impuestos y tasas	U$S 000,00
Base Imponible para el IVA	U$S 000,00
IVA (xx %) aplicar sobre base imponible de IVA	U$S 000,00
Base Imponible con el IVA	U$S 000,00
Sobre esta base, en algunos países se aplican impuestos internos como ser anticipo de ganancias. Buscar información si aplica.	U$S 000,00
Sub-Total:	**U$S 000,00**
Otros Gastos:	
Estiba, cargas y descargas:	U$S 000,00
Servicios de custodia a los fletes internos:	U$S 000,00
Fletes internos:	U$S 000,00
Seguro fletes internos:	U$S 000,00
Honorarios de gestor aduanero:	U$S 000,00
Comisión de agentes (sobre valor FOB)	U$S 000,00
Obtención de Certificados:	U$S 000,00
Gastos del Contenedor:	U$S 000,00
Gastos bancarios:	U$S 000,00
COSTO FINAL MERC. LIBERADA	**U$S 000,00**

Conceptos a tener en cuenta para el cálculo del costo final en una *exportación* de mercadería:

	CONCEPTOS FORMADORES DE PRECIO EN UNA EXPORTACIÓN "FOB"
1	Costos de producción + Preparación del packing para exportación
2	Gastos administrativos, gestores aduaneros, paletizado y carga contenedor
3	Fletes internos y sus seguros
4	Gastos portuarios
5	Otros servicios contratados
6	Rentabilidad aplicada sobre producto
7	Gastos financieros y bancarios
8	Reintegros de los posibles impuestos abonados en la producción (descontar)
	TOTAL: PRECIO FINAL FOB-PUERTO DE ORIGEN

CAPÍTULO 5

"INCOTERMS" TÉRMINOS DEL COMERCIO INTERNACIONAL

Es el "lenguaje del Comercio Internacional" elaborado por la Cámara de Comercio Internacional en el año 1936 y modificados periódicamente, son términos que reflejan las condiciones de entrega de la mercadería y su aceptación por las partes, (importador y exportador) en un convenio de compraventa internacional, aclarando los costos y delimitando responsabilidades.

Los "11" actuales Incoterms están representados por tres letras cada uno, que sintetizan (en Inglés), las responsabilidades del exportador y del importador.

La última actualización efectuada por la Cámara de Comercio Internacional fue efectuada a principios del año 2020 y son modificados cada diez años.

No importa el tipo de mercadería estemos exportando o importando, se aplican en cualquier caso y según la modalidad empleada, afectará los costos y las responsabilidades, es decir indican la transferencia de los riesgos y la transferencia de la propiedad de la mercadería.

Siempre se debe indicar el Incoterm elegido y el puerto, lugar o sitio designado. Ejemplos: FOB-Barcelona-España o CIF-Santos-Brasil, **nunca colocar por ejemplo FOB-España.**

Se debe evitar cualquier ambigüedad, siendo lo más preciso posible, por ejemplo, en el caso de una venta EXW hay que colocar la dirección detallada de la fábrica donde se entregará la mercadería.

El Incoterm elegido tiene que poder adaptarse a la mercadería y al medio de transporte a utilizar y debe ser acordado desde el inicio simultáneamente con el precio de la mercadería.

Se recomienda utilizarlos según:

Para todos y cualquier medio de transporte

INCOTERM	INGLES	ESPAÑOL
EXW	Ex-Works	Puerta o fuera de fábrica
FCA	Free Carrier	Franco al transportista
CPT	Carriage Paid To	Transporte pago hasta…
CIP	Carriage and Insurance Paid To	Transporte y seguro pago hasta…
DAP	Delivered At Place	Disponible en punto destino
DPU	Delivered at Place Unloaded	Disponible descargada en lugar acordado.
DDP	Delivered Duty Paid	Disp Derechos Pagos

Utilizados en transporte marítimo

INCO TERM	INGLES	ESPAÑOL
FAS	Free Alongside Ship	Libre al lado del navío
FOB	Free On Board	Libre a bordo del navío
CFR	Cost and Freight	Costo y Flete destino
CIF	Cost, Insurance, and Freight	Costo Seguro y Flete

En esta última actualización (año 2020) solamente se anuló el Incoterm DAT (Delivered at Terminal) por su imprecisión, al no especificar en qué Terminal quedaba disponible la mercadería. Fue reemplazado por DPU (Delivered at Place Unloaded) que en español significa "Mercancía disponible y descargada en lugar acordado".

Características de cada Incoterm

1) EXW: Ex Works / En Puerta de la Fábrica:

Por parte del exportador: La obligación del vendedor es preparar la mercadería con el embalaje adecuado para la exportación y preparar la misma sobre palets, es decir paletizada. Si las partes acordaron la variante "EXW LOADED" es la responsabilidad del exportador colocar la mercadería sobre el vehículo del comprador.

Por parte del importador: El importador asume todos los gastos y riesgos desde la fábrica del exportador hasta el lugar de destino. Es la forma de venta con menor responsabilidad por parte del exportador.

2) FCA: Free Carrier / Franco al Transportista:

Por parte del exportador: La entrega puede efectuarse en un lugar acordado o en los locales del vendedor, es éste quien debe efectuar la carga de la mercancía, embalada para exportación en el transporte proporcionado por el comprador, el Incoterm debe indicarse "FCA- dirección del vendedor". El pago de aranceles y gastos de exportación corresponden al vendedor, que debe darle la asistencia al importador para la obtención de la documentación necesaria para la exportación-importación y su transporte al destino final.

Por parte del importador: Es el comprador quien contrata el transporte. La responsabilidad de los gastos y los riesgos por parte del importador, comienzan a partir del momento en el que el transportista se hace cargo de la mercadería, en el lugar acordado. Las reglas Incoterms 2020 permiten que el transporte sea realizado por un transportista contratado, o por un transporte propio del importador, sin la intervención de un transporte que actúe como tercera parte.

3) CPT: Carriage Paid To… / Transporte Pago hasta…

Por parte del exportador: El vendedor contrata y coordina la logística hasta un lugar determinado acordado por las partes. Los aranceles, tasas y gastos de exportación, corren por su cuenta. Los documentos requeridos para el transporte hasta el destino final debe prepararlos el vendedor asumiendo gastos y riesgos.

Por parte del importador: Los riesgos de avería o pérdida son asumidos por el comprador desde el momento en que las mercancías han sido entregadas al primer transportista. El comprador paga los aranceles de importación y los gastos de descarga.

4) CIP: Carriage and Insurance Paid To… / Transporte y Seguro Pago hasta…

Por parte del exportador: Este Incoterm es igual al CPT ya visto, con la diferencia que el vendedor debe proporcionar además un seguro de transporte. El vendedor cierra el contrato de transporte, paga el flete y la prima de seguro. Las partes son libres para acordar un nivel de cobertura adecuado.

Por parte del importador: El comprador se encarga del pago de aranceles e impuestos de importación y los gastos de descarga.

5) DAP: Delivered at Place / Disponible en lugar de Destino:

Por parte del exportador: La entrega de la mercadería se efectúa en el medio de transporte, lista para descargar en el destino convenido. Se hace cargo de pagar los aranceles y gastos de exportación, pero en cambio no tiene ninguna obligación de hacer lo mismo con los aranceles de importación. El vendedor no está obligado, ante el comprador, a contratar un seguro. Es su obligación entregarle al comprador la documentación necesaria para la liberación de la mercadería en aduana.

Por parte del importador: Es su obligación pagar los aranceles y gastos de importación para recibir la mercadería a su llegada.

6) DPU: Delivered at Place Unloaded / Disponible y descargada en lugar acordado.

El Incoterm DPU sustituye a partir de la última modificación (año 2020) al DAT (Delivered At Terminal - Entregado en terminal) para señalar el hecho de que el lugar de destino no es necesariamente una "terminal".

Por parte del exportador: Debe colocar la mercadería a disposición del comprador en el lugar y fecha acordado. El vendedor se hace cargo de los gastos y del transporte hasta lugar. No tiene la obligación de contratar un seguro. Debe proporcionar al comprador, la documentación para que pueda ingresar las mercancías.

Por parte del importador: Recibir la mercadería con su documentación para efectuar el pago de los aranceles y gastos de importación.

7) DDP: Delivered Duty Paid / Disponible con aranceles de importación pagos.

Por parte del exportador: El vendedor tiene las máximas obligaciones, los gastos, aranceles de exportación e importación en el país de destino y los riesgos hasta el momento de la entrega al comprador.

Por parte del importador: Recibir en el lugar de destino convenido y paga los gastos de descarga. Es el menor riesgo para el importador.

El término DDP es exactamente lo contrario de EXW.

Incoterms utilizados en transporte marítimo

8) FAS: Free Alongside Ship / Franco al costado del buque:

Por parte del exportador: El vendedor cumple su obligación cuando entrega la mercadería con todos los gastos pagos al costado del buque en el muelle del puerto de embarque convenido para que la naviera se haga cargo.

Por parte del importador: El comprador asumirá en ese momento todos los gastos y riesgos cuando la mercancía ha sido entregada junto al buque, haciéndose cargo de la contratación del seguro a partir de ese momento. El comprador selecciona al transportista, y paga el flete.

9) FOB: Free on Board / Franco a bordo:

Por parte del exportador: Coloca la mercadería, en el puerto de embarque designado, a bordo del buque de la naviera seleccionada por el comprador y debe además efectuar los trámites de aduana para la exportación. Es decir la mercadería queda liberada bajo responsabilidad del comprador a bordo del buque.

Por parte del importador: Contrata la naviera, paga el flete marítimo y el seguro hasta el puerto de destino. Asume así todos los gastos y riesgos de pérdida o de deterioro que pueden ocurrirle a la mercancía desde el momento en que fue entregada a bordo del buque.

10) CFR: Cost and Freight / Costo y Flete:

Por parte del exportador: Es el que contrata a la naviera y asume los gastos y el flete hasta el puerto de llegada convenido.

Por parte del importador: El comprador recibe la mercadería en el puerto de destino convenido y a partir de ese momento se hace cargo de los aranceles y gastos de importación.

11) CIF: Cost Insurance and Freight / Costo, Seguro y Flete:

Por parte del exportador: Es un término que es similar al anterior CFR, con la diferencia en que el exportador se hace cargo de contratar y pagar el seguro hasta el puerto de destino.

Por parte del importador: Recibe la mercadería en el puerto con el seguro pago hasta ese momento, debiéndose hacerse cargo de los aranceles y gastos de la importación.

Los Incoterms vigentes, fueron creados por la Cámara de Comercio Internacional para establecer quién corresponden las obligaciones, en una compraventa internacional, donde se refieren los siguientes temas:

1) El transporte terrestre interno en el país de origen. 2) Trámites aduaneros y documentos requeridos para la exportación. 3) Contratación del flete internacional. 4) Carga de la mercancía en el transporte internacional. 5) Seguro internacional. 6) Descarga y revisado de la mercadería. 7) Aduana de importación, aranceles y tributos varios. 8) El transporte en país de destino hasta depósito del importador.

CAPÍTULO 6

DOCUMENTOS DE EMBARQUE Y MEDIOS DE PAGO EN EL COMERCIO INTERNACIONAL

Los documentos generados al realizar una operación de comercio internacional los podemos clasificar en:

Documentos relativos a las mercaderías

El Certificado de Origen – (Certificate of Origin):

Es fundamental para certificar el origen de la mercadería, de manera que el importador pagará los derechos, impuestos y tasas según los acuerdos que existan con el país de donde procede dicha mercadería. También puede servir para el control de cupos en caso de que existan. Son emitidos por el Organismo del Gobierno que corresponda o las Cámaras de Comercio o de Industria del país exportador.

El Certificado de Calidad – (Certificate of Quality) y el Certificado de Peso – (Certificate of Weight):

Son certificados que, en caso de pedirlos el importador, generalmente éste indica la empresa de su preferencia para que certifique la mercadería y de esta manera se garantiza que se esté embarcando aquello que fue pactado y en la cantidad acordada. También puede solicitar certificación de una entidad religiosa.

Los Organismos Públicos también pueden emitir certificados, fitosanitarios, sanitarios, de pedigree en el caso de los animales de raza, etc.

Todos ellos deben ser preparados o confeccionados, siempre y cuando sean solicitados por el importador, sobre todo, si su envío con el resto de la documentación es una condición para <u>poder hacer efectivo el cobro del crédito documentario</u>.

Lista de Empaque (Packing list):

Es una lista que detalla la mercadería enviada, el contenido de cada bulto, las unidades, la marca y su numeración, los pesos neto y bruto, el volumen, las características del envase, etc.

Es un documento informativo muy utilizado por los agentes aduaneros, en país de origen y en país de destino, cuando realizan la verificación del embarque.

Documentos Comerciales

En la práctica, el documento comercial fundamental **es la Factura Comercial,** y en segundo lugar en importancia, la Factura Proforma. Hay otros documentos comerciales como ser el Contrato de Compra-Venta Internacional, la Carta de Intención, una Orden de Compra, etc., estos documentos se utilizan más que nada para que el exportador y el importador dejen por escrito, el detalle, los precios de la mercadería y las condiciones de la operación. Sobre lo manifestado en ellos se prepararán los documentos definitivos, o sea la Factura Proforma y luego de aceptada, la Factura Comercial con la que será exportada la mercadería.

Factura Proforma (Proforma Invoice):

Esta pre-factura o factura proforma la remite el exportador al importador para que pueda ir preparando los permisos de importación, en el caso de existir, o efectúe los trámites bancarios que sean necesarios y cualquier otro trámite que le corresponda.

Generalmente se indica:

a) Datos del exportador y del importador
b) La descripción de la mercadería en forma detallada.
c) El precio unitario y el precio total.
d) La moneda o divisa en la que se efectúa la transacción.
e) La forma de pago acordada.
f) El instrumento de pago acordado, por ejemplo, si es mediante una Carta de Crédito, una Letra a la Vista, una Remesa Simple etc.
g) La forma de envío, es decir, de acuerdo al Incoterm acordado, se detallará el o los fletes intervinientes, puerto de embarque y de descarga etc.
h) Fecha estimada de embarque y probable de arribo.

i) Fecha de **vencimiento de la factura pro-forma**, es decir el tiempo que el exportador mantendrá la oferta. Antes de esa fecha el importador deberá formalizar la compra.

Factura Comercial (Comercial Invoice):

Es similar a la anterior, pero se indicará con todo detalle los datos referidos al transporte, a los datos del instrumento de pago y nombre de los bancos intervinientes.

La Factura Comercial hay que emitirla en original y varias copias ya que el consulado, los bancos intervinientes, el agente o despachante de aduana, en el origen como en el destino, necesitarán una copia.

Documentos relativos al transporte

El conocimiento de embarque - Bill of Lading (B/L)

El conocimiento de embarque, conocido en inglés como Bill of Lading (B/L), no es un documento específicamente financiero, si es un documento esencial en el transporte marítimo que cumple varias funciones clave en el comercio internacional.

Características del Conocimiento de Embarque

Contrato de Transporte:

El conocimiento de embarque actúa como un contrato entre el remitente (exportador) y el transportista, estableciendo las condiciones bajo las cuales se transportarán las mercancías.

Recibo de Mercancías:

Este documento sirve como prueba de que el transportista ha recibido las mercancías en condiciones aceptables y está listo para enviarlas a su destino.

Título de propiedad:

El conocimiento de embarque puede funcionar como un título de propiedad de las mercancías. Esto significa que el poseedor del documento tiene derecho a reclamar las mercancías en el puerto de destino.

Regulación Legal:

Está regulado por el Convenio de Bruselas de 1924 y otras normativas internacionales que establecen su validez y uso en el comercio marítimo.

Detalles y contenido específico:

Nombre y dirección del remitente y destinatario. Indica la titularidad de las mercancías.

Descripción de las mercancías (tipo, cantidad, peso).

Puertos de carga y descarga.

Número de bultos y estado aparente de las mercancías.

Información sobre el flete (costo del transporte) y su forma de pago (prepagado o pagadero en destino).

Funciones del Conocimiento de Embarque:

Verificación del Estado de la Mercancía:

Permite verificar el estado de las mercancías en el momento de la recepción. Si las mercancías están en perfectas condiciones, se anotará "limpio"; de lo contrario, se indicará "sucio".

Garantía de Cumplimiento:

Garantiza que se ha establecido un contrato de transporte, lo que permite al consignatario retirar la mercancía en el puerto de destino.

Facilitación de Pagos:

En algunos casos, puede ser utilizado como garantía de pago, permitiendo que el banco libere fondos al remitente una vez que el destinatario haya recibido la mercancía.

Es transmisible por endoso, constituyéndose en un Título de Crédito y permite al tenedor de una copia negociable, reclamar la entrega de la mercadería. En caso de ser "nominativo" no se puede endosar.

Tipos de conocimiento de embarque

Existen diferentes tipos de conocimiento de embarque, como el conocimiento de embarque limpio, sucio, transferible y otros, cada uno con características específicas que se adaptan a las necesidades de las partes involucradas en la transacción.

Es un documento fundamental que no solo facilita el transporte de mercancías, sino que también protege los derechos de las partes involucradas en el comercio internacional.

Otros Conocimientos de Embarque según el medio de transporte:

Aéreo (Air way Bill) AWB

Terrestre carretero o Carta de Porte (Road Way Bill).

Terrestre ferrocarril o Guía de Ferrocarril (Rail Way Bill).

Se podrá recibir un Documento de Transporte Combinado entre algunos de los anteriormente mencionados (Combined Transport Document).

Documentos relativos a los Seguros

Existen diferentes tipos de seguros que se utilizan en el comercio internacional.

Seguro de transporte de mercancías:

Este seguro cubre los riesgos que pueden afectar las mercancías durante su traslado de un país a otro. También puede cubrir situaciones relacionadas con el transporte, como la carga y descarga de las mercancías.

Seguro de crédito comercial:

Este tipo de seguro garantiza la protección de la empresa frente a impagos por parte del comprador. La aseguradora se encarga de cubrir todas las obligaciones de pago en las operaciones de comercio en el exterior si el comprador no abona los pagos.

Seguro de cambio:

Este seguro cubre cualquier pérdida que pueda surgir durante las operaciones de comercio internacional, especialmente en los cambios de divisas. Es útil especialmente cuando la divisa no es en dólares o euros.

Por el transporte: Póliza de Seguro (Insurance Policy)

La póliza de seguro de mercancías debe cubrir los riesgos de la mercadería en el transporte desde el puerto de origen al puerto de destino, pero también se puede contratar un seguro que cubra riesgos adicionales por daños en el depósito aduanero, o en el puerto del país importador y en el transporte hasta el depósito del importador.

Se debe cumplir con las cláusulas del Incoterm mencionado en la Carta de Crédito o en los documentos que correspondan y que fue pactada. Por ejemplo, una venta realizada bajo el Incoterm: "CIF" - Cost Insurance and Freight o sea Costo, Seguro y Flete. Quiere decir que el importe mencionado en la factura ya contiene el costo de la mercadería, el del seguro y el flete internacional.

La Póliza del Seguro (Insurance Policy) es el documento que comprueba el seguro contratado y sus alcances.

Esta póliza puede ser "específica" para un embarque único o puede ser "flotante" es decir que cubre una serie de embarques y se utiliza cuando se opera habitualmente entre el exportador y el importador con esa mercadería.

Pólizas de Seguro de Crédito a la Exportación

El seguro de crédito de exportación se contrata para cubrir el riesgo comercial existente en una exportación. Se utiliza en operaciones en las que el exportador da crédito directamente al importador y es la institución aseguradora la que realiza el estudio crediticio sobre el importador para ver si puede otorgársele dicho crédito.

<u>Se utiliza más solicitarle al importador que le envíe una Carta de Crédito confirmada e irrevocable para tener todas las garantías y de esa manera el exportador no necesita ocuparse de contratar el seguro de crédito y el estudio crediticio. Esto pasa a ser un tema entre el banco emisor de la Carta de Crédito y el importador.</u>

Otras pólizas de seguros referidas al comercio internacional

Existen otras pólizas de seguros utilizadas en comercio internacional, como por ejemplo la "Póliza de seguro de caución aduanera", "Póliza de seguro integral", "Seguro de cambio de divisas", Seguro de riesgo político"etc.

<u>Documentos diversos</u>

Factura Consular (Consular Invoice)

La finalidad de la Factura Consular es certificar el origen de la mercadería y puede ser un formulario del mismo Consulado, o en una de las copias de la factura comercial emitida por el exportador donde el consulado la interviene con sellos certificando el origen de la mercadería.

Documentos Bancarios

Carta de Crédito (letter credit)

El principal documento bancario es la "Carta de Crédito", o "Crédito Documentario", es un instrumento de pago, por el cual el banco emisor que es designado por el comprador o importador, siguiendo las instrucciones del cliente, le hace el pago del importe facturado, a un beneficiario o exportador, contra la entrega de la documentación que se solicita en la Carta de Crédito, con lo que se comprueba el embarque de la mercadería de acuerdo a lo convenido. Este es uno de los medios de pago más seguros en el comercio internacional.

Su uso está sujeto a regulaciones internacionales, principalmente las normas de la Cámara de Comercio Internacional (CCI), que establecen las "Reglas y Usos Uniformes para los Créditos Documentarios"

Las Cartas de Crédito o Créditos Documentarios son emitidas por el banco contratado por el importador, que la envía al banco contratado por el exportador, para que éste cumplimente todas las condiciones, documentación y mercadería en total acuerdo a dicha Carta de Crédito.

El pago de la mercadería queda garantizado para el vendedor de tal manera que si cumple con lo solicitado es el banco el que le pagará su exportación y de igual manera, el importador queda garantizado que, si las condiciones de flete, seguro o certificaciones de la mercadería no son las acordadas, el banco no le pagará al exportador hasta que no resuelva las discrepancias. Así es que el pago de la mercadería queda garantizado por adelantado, antes de salir del puerto de origen o estando ya en tránsito.

Para que un Crédito Documentario pueda emitirse, el comprador deberá presentar toda la información necesaria a su banco, y de esta manera el proceso pueda completarse. También el importador deberá garantizar a su banco el importe de la Carta de Crédito, los gastos y las comisiones bancarias.

Recién entonces, una vez acordadas todas las cláusulas o puntos que van a condicionar la operatoria, el banco que respalda al comprador procederá a emitir la Carta de Crédito y la enviará al banco que el exportador haya indicado.

Una vez que el vendedor embarcó la mercadería y cumplimentó todos los requisitos de la Carta de Crédito, debe enviar a su banco la documentación respaldatoria, la que una vez verificada y no habiendo discrepancia alguna con lo solicitado en la Carta de Crédito, el vendedor puede cobrar el monto estipulado. La entidad encargada de liberar el pago es su propio banco, que luego a su vez, solicitará el reembolso al banco emisor de la Cara de Crédito. Esta forma de pago es la que otorga mayor confianza y seguridad a las transacciones comerciales que se realizan en cualquier parte del mundo.

El contenido de una Carta de Crédito generalmente debe tener los siguientes datos:

1. Identificación de las Partes

Comprador o importador: La empresa que solicita al banco, la carta de crédito y que realiza el pago.

Vendedor, beneficiario o exportador: La entidad que recibirá el pago a cambio de la entrega de mercancías.

Banco Emisor: La institución financiera que emite la carta de crédito a nombre del comprador.

Banco Avisador o Banco del Exportador: El banco que notifica al vendedor (exportador), sobre la emisión de la carta de crédito que le ha enviado el Banco Emisor del Exportador.

2. Descripción de las Mercancías

Detalles específicos sobre los bienes que se están importando, incluyendo cantidad, calidad y características.

3. Documentos requeridos

Una lista de los documentos que el vendedor debe presentar para recibir el pago, que pueden ser:

Factura comercial

Packing List

Conocimiento de embarque (conocimiento de embarque)

Certificados de inspección o calidad

Documentos de transporte

4. Condiciones de pago

Especificaciones sobre cómo y cuándo se realizará el pago, que pueden incluir:

Pago a la vista (inmediato tras la presentación de documentos)

Pago diferido (en una fecha futura específica)

5. Fechas importantes

Fecha de Emisión: Cuándo se emite la carta de crédito.

Fecha de Vencimiento: Hasta cuándo se pueden presentar los documentos para el cobro.

6. Moneda y Monto

La moneda en la que se realizará el pago y el monto exacto que se pagará al vendedor.

Tipos o características de las Cartas de Crédito o Créditos Documentarios

Por sus requisitos o instrucciones la Carta de Crédito puede ser:

Irrevocable: Es decir que lo establecido en ella no puede ser modificado ni cancelado. La única forma de poder hacerlo es con el consentimiento de todas las partes involucradas.

Confirmada: Cuando el banco pagador le confirma al exportador beneficiario, el crédito. De esa manera, ambos bancos, el emisor y el pagador asumen el compromiso de pago, dándole la mayor seguridad al exportador.

Nominativa: Son las que indican expresamente los bancos que están autorizados para emitir, confirmar y negociar la carta de crédito.

Carta de Crédito Negociable: Es lo contrario a la nominativa, es decir cuando no se indican los bancos autorizados.

A vista: Es cuando el pago se produce de inmediato contra la presentación y verificación de la documentación acordada.

De pago diferido: Es cuando el pago se efectúa dentro de un plazo determinado o a una determinada fecha. El banco entrega la documentación al importador para que pueda liberar la mercadería, contra la aceptación de una letra con la fecha de vencimiento acordada.

Transferible: El exportador puede transferir todo o parte de sus derechos a un tercero, como por ejemplo para pagar los insumos que necesita para fabricar la mercadería que va a exportar amparada por esa Carta de Crédito.

Cláusula Rotativa (Revolving): Cuando tiene esta cláusula, significa que agotado un importe o una cantidad, vuelve a recuperar su valor original para ser reutilizable. Puede ser acumulativa, que permite disponer en un periodo de lo no utilizado en el anterior y no acumulativa es decir que no permite disponer, en los periodos siguientes, lo no utilizado en el periodo anterior.

Crédito Back to Back: Es aquel que se abre a solicitud de un ordenante que a su vez es beneficiario de otro Crédito Documentario, el cual aporta como garantía del Crédito que él está solicitando.

Crédito con Cláusula Roja (Red Clause): El crédito con cláusula roja permite al exportador obtener financiamiento previo al embarque, es decir que autoriza al Banco obligado a efectuar anticipos al beneficiario.

Créditos con Cláusula Verde (Green Clause): Es similar a la Cláusula Roja, pero se le exige al exportador la presentación de garantías, de las facturas por compra de insumos en el caso de que corresponda y otros requisitos antes de efectuar los anticipos.

Otros medios de pagos usualmente utilizados:

Los medios de cobro/pago, en el comercio internacional, son diversos y su elección dependerá de varios factores, pero el principal a tener en cuenta es la relación existente entre el vendedor y el comprador. Es decir que a mayor confianza entre las partes, más simple y directo es el medio de pago.

También deberá tenerse en cuenta:

1) El monto de la operación. 2) Si es a plazo o al contado. 3) El país al que se enviará la mercadería ya que hay países con restricciones o dificultades para el giro de divisas al exterior.

Otro factor a tener en cuenta es la forma de pago que utiliza la competencia, o las costumbres del mercado para la comercialización de los productos de que se trate, ya que dependiendo de la forma de pago que se utilice, puede encarecerse el costo final de la mercadería.

Generalmente una empresa que exporta a varios países puede utilizar un medio de cobro para algunos y diferentes para otros.

Si tenemos necesidad de financiamiento para realizar la exportación esto hace que debamos seleccionar y tratar de que el comprador acepte, un medio de cobro que nos de la mayor seguridad posible ya que el banco no nos dará financiamiento o adelanto, sobre una venta realizada, por ejemplo, con una "Remesa Simple" y es muy probable que sí obtengamos el crédito con una venta efectuada por medio de una "Letter of Credit" – "Carta de Crédito".

Los otros medios de pago más utilizados en el Comercio Internacional son:

Remesas:

Se trata de una operación bancaria por la cual el exportador encarga a un banco la gestión del cobro de unos documentos financieros (letras de cambio, pagarés, cheques...) y/o no financieros (facturas, documentos de embarque, control fitosanitario...), contra la aceptación o pago al contado del importador. En función de que los documentos sean financieros o no financieros, la remesa será simple o documentaria.

Remesa Simple:

En la remesa simple, el exportador enviará directamente al importador la mercancía y los documentos comerciales y, a parte, a través de una entidad financiera enviará los documentos financieros, generalmente para su aceptación o pago. El cedente debe pasar instrucciones precisas y completas, relativas al protesto en caso de impago o cualquier otra tramitación legal que los sustituya, así como por cuenta de quién son las comisiones y gastos.

Desde un punto de vista de riesgos, este medio de pago exige para el exportador asumir prácticamente todos los riesgos, ya que pierde el dominio sobre la mercancía al remitir directamente los documentos comerciales al importador y asume la posibilidad de que éste rechace la aceptación o pago así como las posibles dificultades derivadas del riesgo/país.

Remesa Documentaria

Es aquella en la que el Exportador entrega a su Banco diversos documentos mercantiles (facturas, documentos de embarque, control fitosanitario...) acompañado o no de un documento de giro (Letra, Pagaré, Recibo) con instrucciones de que los entregue al importador extranjero, a través de su Banco, contra la aceptación o pago del documento de giro.

Es importante considerar que **el exportador podrá encontrarse con que el comprador rechace la mercadería**, por lo que, aun disponiendo la posesión de la misma, se encontrará con ella situada en otro país y consecuentemente, con gastos añadidos por almacenaje, costo del transporte y los correspondientes a la reimportación, e incluso pérdida o sanciones por demoras en el despacho.

La Letra de Cambio:

Una letra de cambio es un documento escrito en el que el emisor (girador) ordena a otra parte (girado) que pague una suma específica de dinero a un tercero (beneficiario o tomador) en una fecha futura determinada o a la vista.

Es un instrumento negociable y legalmente vinculante que garantiza el pago de una transacción comercial.

Los componentes de una Letra de Cambio son:

Girador: La persona o entidad que emite la letra de cambio y ordena el pago.

Girado: La persona o entidad que debe efectuar el pago (normalmente el importador en una transacción de importación).

Beneficiario o Tomador: La persona o entidad a quien se le debe pagar la cantidad especificada (normalmente el exportador en una transacción de importación).

Monto: La cantidad de dinero que debe ser pagada.

Fecha de Vencimiento y Lugar de Pago: La fecha en la que se debe efectuar el pago y en qué lugar.

Firmas: La firma del girador y en ocasiones, del girado como aceptación de la obligación de pago.

Este instrumento puede ser utilizado en diferentes contextos, como parte de un crédito documentario (carta de crédito) o en acuerdos de pago diferido.

El proceso de la utilización:

El importador y el exportador acuerdan los términos de la transacción, incluyendo el uso de una letra de cambio.

El exportador (girador) emite la letra de cambio a favor del importador (girado), especificando la cantidad a pagar y la fecha de vencimiento.

El importador (girado) acepta la letra de cambio, comprometiéndose a pagar la cantidad especificada en la fecha de vencimiento.

El exportador envía los documentos necesarios (facturas, conocimientos de embarque, certificados, etc.) al importador o al banco del importador.

En la fecha de vencimiento, el importador paga la cantidad especificada al beneficiario (exportador) o al banco correspondiente.

Este proceso tiene sus ventajas y desventajas, entre las que podemos considerar:

Ventajas

Seguridad para el Exportador: Proporciona una garantía de pago, reduciendo el riesgo de impago.

Flexibilidad: Permite el pago diferido, facilitando la gestión del flujo de caja para el importador.

Negociabilidad: Puede ser endosada o transferida a terceros, proporcionando liquidez al exportador.

Desventajas

Riesgo para el Importador: El importador asume el compromiso de pago, lo que puede ser un riesgo si hay problemas con la mercancía recibida.

Costo: Puede implicar costos adicionales, como comisiones bancarias y costos de descuento si se necesita liquidez inmediata.

Las letras de cambio están reguladas por leyes nacionales e internacionales,

CAPÍTULO 7

LA LOGÍSTICA Y EL TRANSPORTE INTERNACIONAL

La logística es el proceso por el cual se planifica, se ejecuta y se controla el movimiento de la mercadería desde su origen hasta el punto de destino. Para ello es necesario coordinar las distintas actividades implicadas, como ser el transporte, el almacenamiento y la gestión de inventarios. La logística bien empleada, garantiza que el producto esté en su destino en perfectas condiciones y en el momento acordado al mejor costo posible.

La logística y el transporte internacional son procesos complejos que se inician con del pedido del cliente en el exterior y terminan cuando este recibe el producto en su país.

El precio final de un producto incluye todos los gastos logísticos a lo largo de las distintas etapas de la operatoria, como ser la preparación del pedido, el embalaje adecuado para la exportación, las cargas y descargas, los fletes internos, la gestión aduanera, los seguros, la preparación de la documentación etc.

El adecuado manejo de la logística, tratando de controlar y reducir sus costos nos permite llegar a un precio final más competitivo, por lo tanto, aumentan nuestras posibilidades comerciales. Asimismo, una logística eficiente, cuidadosa de la mercadería, bien planeada para cumplir con las fechas acordadas, traerá el beneficio que implica la satisfacción del cliente con la consiguiente continuidad del negocio o el aumento de los clientes como consecuencia de las buenas referencias.

La logística eficiente debe desarrollarse de tal forma que tome en cuenta que todas las actividades están en cadena e interrelacionadas.

La contratación de un medio de transporte en el momento adecuado va a determinar el mayor o menor tiempo de almacenamiento de los productos y por consiguiente, su costo.

Por lo tanto, es fundamental la planificación de cada uno de los pasos a ser implementados en las distintas etapas de la exportación.

Clasificación del Transporte de Cargas

El transporte puede clasificarse según el medio en el que se realiza en:

1) **Terrestre Internacional por carretera.**
2) **Terrestre Internacional por ferrocarril.**
3) **Marítimo, lacustre, fluvial**
4) **Aéreo**
5) **Multimodal**

Analicemos cada uno de ellos para tomar la decisión correcta cuando tengamos que contratar transporte.

El transporte de Cargas Internacional Terrestre por carretera.

Este tipo de transporte se caracteriza por ser una forma eficiente y segura de mover mercancías entre países vecinos. Generalmente se utiliza para transportar cargas a través de fronteras terrestres. Es importante tener en cuenta los requisitos aduaneros y de seguridad de cada país por el que se transita, así como la planificación logística para garantizar la entrega oportuna de la mercancía.

El transporte de Cargas Internacional Terrestre por ferrocarril.

Es un medio de transporte muy utilizado en determinadas regiones y cuyas características principales son:

Capacidad de Carga:

Grandes Volúmenes: Los trenes pueden transportar grandes cantidades de mercancías en un solo viaje, lo que es ideal para cargas pesadas y voluminosas.

Eficiencia Energética:

Menor Consumo de Combustible: Comparado con el transporte por carretera, el ferroviario es más eficiente en términos de consumo de combustible por tonelada-kilómetro.

Costos:

Economías de Escala: Debido a la capacidad de transportar grandes volúmenes, el costo por unidad de carga suele ser menor que otros modos de transporte.

Infraestructura:

La infraestructura ferroviaria requiere inversiones significativas en vías y terminales, lo que puede influir en los costos iniciales.

Velocidad y Tiempo de Tránsito:

Constancia en el Tiempo de Tránsito: Aunque puede ser más lento que el transporte aéreo, el ferroviario suele ser más predecible y menos afectado por condiciones climáticas extremas.

Conectividad:

Redes Extensas: Los sistemas ferroviarios suelen tener una extensa red de conexiones que pueden enlazar varios países y regiones.

Terminales y Puertos: Con frecuencia están bien conectados con puertos marítimos y aeropuertos, facilitando la intermodalidad.

Seguridad:

Riesgo Menor de Accidentes: El transporte ferroviario tiene menos accidentes comparado con el transporte por carretera.

Menor Pérdida y Daño: Debido a su naturaleza controlada, el riesgo de pérdida o daño de las mercancías es menor.

Transporte de Cargas Internacional vías Marítima, Lacustre y Fluvial

El transporte Marítimo es el medio más utilizado en el comercio internacional de mercaderías y consiste en su traslado por mar a bordo de buques especialmente diseñados para ello.

Tipos de transportes marítimos:

- **Portacontenedores:** Es el tipo de buque más utilizado para el transporte de mercancías. Los contenedores se comenzaron a utilizar en la década del 60, facilitando la carga, descarga, almacenamiento de la mercadería a bordo de los buques, como así también en los puertos de origen, destino y en el traslado por tierra.

- **Buque de carga general:** Es un tipo de buque básico, utilizado para el transporte de la carga seca, paletizada o no, pero no en contenedores. Generalmente lleva sus propias grúas a bordo para cargar y descargar las mercaderías.

- **Bulkcarrier:** También llamados buques graneleros, que transportan carga a granel en grandes bodegas bajo cubierta, como ser cereales, minerales, carbón, maderas, fertilizantes etc.

- **Buque frigorífico:** Utilizados para el transporte de mercadería perecedera, que necesita refrigeración como ser productos alimenticios.

- **Buques para cargas Heavy Lift:** Son buques especialmente diseñados para el transporte de cargas muy pesadas por ejemplo las necesarias para la construcción de grandes industrias.

- **Buque Roll on – Roll off:** Se especializan en el transporte de cargas sobre ruedas como ser vehículos automotores, camiones, maquinaria etc. permitiendo cargar gran cantidad de ellos, perfectamente inmovilizados durante la navegación

- **Buques Tanques:** También llamados buques cisterna que transportan una enorme variedad de cargas líquidas.

- **Otros buques:** Son los diseñados para el transporte de cargas específicas, como ser los que transportan gas, petróleo, animales, etc.

El transporte Multimodal

Es el que utiliza al menos dos medios de transporte (no es necesario que sean diferentes), por ejemplo, una mercadería que se transporta por vía terrestre y luego marítima o por dos medios de transporte terrestre, o dos medios marítimos.

Es decir, es el que permite más de un vehículo para transportar la carga desde su origen hasta su destino.

La diferencia entre el Transporte Intermodal y el Transporte Multimodal es que el Transporte Intermodal se hace bajo el uso de varios contratos de transporte. Mientras que en el transporte Multimodal tan sólo se hace un contrato.

El "Contenedor Multimodal"

Hasta la aparición del contenedor, se manipulaba la mercadería, se embalaba en forma individual, según el producto. Se depositaban en cubierta mediante grúas y redes y luego descenderlos a las bodegas del barco. Ocupaban mucha mano de obra y el tiempo en que los transportes debían permanecer aguardando por su carga o descarga por lo tanto aumentando los costos.

Existían, además, los costos por roturas y robos de las mercaderías.

Con la aparición del **contenedor multimodal**, se pudo transportar las mercaderías dentro del contenedor metálico, con sus dimensiones normalizadas, lo que permitía cargar el mismo a bordo de barcos, camiones o trenes, sin tener que manipular la mercadería.

Para que bajaran los costos logísticos y de transporte de las mercaderías, hubo que esperar un tiempo, ya que fue necesaria la total estandarización de los contenedores, el equipamiento de los puertos para poder manipularlos y la adaptación de los otros medios de transporte para poder trasladarlos desde y hacia los puertos.

Al contenedor de 20 pies y con un peso máximo de 18 toneladas se le denomina TEU (twenty-foot equivalent unit) y al de 40 pies se designa por 2 TEUs o también por 1 FEU (forty-foot equivalent unit).

China concentra el 95% de la producción de contenedores.

Los contenedores más empleados son:

Dry Van (DV): contenedor estándar de 20' ó 40' (pies), cerrado herméticamente (sin ventilación).

High Cube (HC): contenedor estándar de 40' pero un poco más alto.

Reefer: contenedor de 40' con sistema de control de temperatura (frío o calor). Suele ir conectado en el buque, la terminal e incluso en el camión.

Open Top: está abierto en su parte superior. Puede sobresalir la mercancía, pero, en ese caso, se pagan suplementos en función de cuánta carga haya dejado de cargarse por este motivo.

Open Side: contenedor abierto en al menos uno de sus lados. Se utiliza para cargas de mayores dimensiones que no se pueden cargar por la puerta del contenedor.

Tank: contenedor cisterna para transporte de líquidos a granel. Es una cisterna contenida dentro de una serie de vigas de acero cuyas dimensiones son equivalentes a las de un contenedor estándar.

Igloo: contenedor de medida variable y que se adapta al fuselaje de los aviones.

Dimensiones interiores de los contenedores más utilizados.

20' DV 40' DV 40' HC 40' Reefer

Largo (m) 5,90 12,03 12,03 11,55

Ancho (m) 2,33 2,33 2,33 2,25

Alto (m) 2,39 2,39 2,69 2,21

Alto paso de puerta (m) 2,28 2,28 2,58 2,16

Volumen (m3): 33,2 67,6 76,2 58,40

Carga neta máxima

(Tonelada métrica) 21,80 26,68 26,58 27,96

Unidad de Carga

Las unidades de carga más frecuentes son:

TEU (Twenty feet Equivalent Unit): unidad de medida de capacidad de transporte marítimo equivalente a un contenedor de 20'.

Sus dimensiones son: 20 pies de largo x 8 pies de ancho x 8,5 pies de altura, equivalentes a 6,096 metros de largo x 2,438 metros de ancho x 2,591 metros de alto (medidas externas del contenedor).

Su capacidad es de 33 metros cúbicos y el peso bruto máximo de 28 Toneladas.

FEU (Forty-feet Equivalent Unit): unidad de medida que equivale a un contenedor de 40' (1 FEU = 2 TEUs)

Los tipos de carga más frecuentes son:

FCL (Full Container Load): cuando las cargas son totales.

LCL (Less Container Load): cuando las cargas son parciales.

El Palé o Palet

Un palé (único término reconocido por la RAE), palet o paleta, es un armazón de madera, plástico u otros materiales, empleado en el movimiento de carga ya que facilita el levantamiento y manejo con carretillas elevadoras.

Las medidas y denominaciones más frecuentes (en milímetros) para la plataforma del palé son las siguientes:

Palet universal o isopalé (1200 x 1000 x 150 mm).

Utilizado en el transporte multimodal de mercancías en contenedores.

Palet europeo o europalé (1200 x 800 x 150 mm).

Utilizado en el transporte terrestre de mercaderías.

El grupaje o consolidación de carga

Consiste en agrupar en un mismo envío mercaderías de diferentes cargadores y consignadas a una misma zona o destino.

Consolidar las mercaderías, permite enviar menores cantidades a las que se deberían enviar dentro de un contenedor completo, compartiendo el costo del flete en forma proporcional con otros exportadores

Este régimen es realizado por todos los medios de transporte, bien por los propios transportistas o bien por empresas especializadas en este servicio llamadas "consolidadores de carga".

El Transporte de Cargas Internacional Fluvial

El transporte internacional fluvial es una modalidad importante y eficiente para mover mercancías a lo largo de ríos y vías navegables interiores. Sus características son:

Capacidad de Carga:

- Grandes Volúmenes: Las barcazas y los barcos fluviales pueden transportar grandes volúmenes de carga, incluyendo cargas pesadas y voluminosas como minerales, granos y productos químicos.

Eficiencia Energética:

- Menor Consumo de Energía: El transporte fluvial es una de las formas más eficientes en términos de consumo de energía por tonelada y por kilómetro.

Costos:

- Costos Operativos Bajos: Generalmente, los costos de transporte por vía fluvial son menores en comparación con el transporte por carretera o ferroviario.

- Inversiones en Infraestructura: Aunque requiere inversión en infraestructura, como puertos y sistemas de esclusas, estos costos suelen ser amortizables a largo plazo.

Velocidad y Tiempo de Tránsito:

- Menor Velocidad: El transporte fluvial suele ser más lento en comparación con el transporte por carretera o ferrocarril.

- Consistencia en el Tiempo de Tránsito: Sin embargo, el tiempo de tránsito es bastante consistente y predecible.

Conectividad:

- Acceso a Regiones Interiores: Permite el acceso a regiones interiores y áreas que pueden no estar bien conectadas por carreteras o ferrocarriles.

- Redes Fluviales Internacionales: En algunos continentes, como Europa, existen extensas redes de vías fluviales que conectan múltiples países.

Seguridad:

- Menor Riesgo de Accidentes: El transporte fluvial suele tener menos accidentes en comparación con otros modos de transporte.

- Menor Pérdida y Daño: La manipulación de la carga es mínima, lo que reduce el riesgo de daño.

Impacto Ambiental:

- Bajas Emisiones: Genera menos emisiones de CO_2 y otros contaminantes en comparación con el transporte por carretera.

- Opciones de Energía Limpia: Posibilidad de usar barcos impulsados por energía limpia o híbrida.

Flexibilidad:

- Rutas Fijas: Las rutas fluviales son fijas y dependen de la geografía de los ríos y canales.

- Intermodalidad: A menudo se combina con otros modos de transporte, como el ferroviario y el por carretera, para formar soluciones intermodales.

Factores Climáticos y Naturales:

- Dependencia de las Condiciones del Agua: Los niveles de agua y las condiciones climáticas pueden afectar la navegabilidad.

- Infraestructura Hidráulica: Requiere una infraestructura adecuada, como esclusas y canales, para mantener las rutas navegables.

Tipos de Carga:

- Granel Sólido y Líquido: Minerales, carbón, productos agrícolas, petróleo y productos químicos.

- Contenedores: En algunos sistemas fluviales, se pueden transportar contenedores para una mayor eficiencia intermodal.

Estas características hacen del transporte fluvial una opción económica y ambientalmente amigable para el transporte internacional de mercancías, especialmente para cargas grandes y voluminosas.

El transporte de Cargas Internacional Lacustre

El transporte internacional lacustre implica el movimiento de mercancías y pasajeros a través de grandes lagos y cuerpos de agua interiores que cruzan fronteras internacionales. Aquí tienes algunas de sus características clave:

Capacidad de Carga:

Grandes Volúmenes: Similar al transporte fluvial, los barcos lacustres pueden transportar grandes volúmenes de carga, incluyendo productos a granel y contenedores.

Tipos de Carga:

Granel Sólido y Líquido: Minerales, productos agrícolas, petróleo, y productos químicos.

Contenedores: Transporte de mercancías en contenedores, facilitando la intermodalidad con otros modos de transporte.

Conectividad:

Regiones Fronterizas: Conecta regiones fronterizas de países que comparten lagos, facilitando el comercio entre estos países.

Puertos y Terminales: Importancia de tener puertos bien desarrollados en las orillas del lago para la carga y descarga eficiente de mercancías.

Eficiencia Energética:

Bajo Consumo de Combustible: Comparado con el transporte por carretera, el transporte lacustre es más eficiente en términos de consumo de combustible por tonelada-kilómetro.

Velocidad y Tiempo de Tránsito:

Constancia en el Tiempo de Tránsito: Aunque puede ser más lento que el transporte por carretera o ferroviario, el tiempo de tránsito es predecible.

Menos Afectado por Tráfico: No sufre retrasos por congestión de tráfico como el transporte por carretera.

Seguridad:

Menor Riesgo de Accidentes: Los accidentes son menos frecuentes comparado con el transporte por carretera.

Menor Pérdida y Daño: El riesgo de pérdida o daño de las mercancías es relativamente bajo.

Impacto Ambiental:

Bajas Emisiones: Genera menos emisiones de CO_2 y otros contaminantes en comparación con el transporte por carretera.

Opciones de Energía Limpia: Posibilidad de usar barcos impulsados por energía limpia o híbrida.

Flexibilidad:

Rutas Fijas: Las rutas lacustres están determinadas por la geografía del lago.

Intermodalidad: A menudo se combina con otros modos de transporte, como el ferroviario y el por carretera, para formar soluciones intermodales.

Infraestructura:

Puertos y Terminales: Necesidad de infraestructura adecuada para la carga y descarga de mercancías.

Navegabilidad: Requiere mantenimiento de las rutas navegables y la gestión de niveles de agua.

Factores Climáticos y Naturales:

Dependencia de las Condiciones del Agua: Los niveles de agua y las condiciones climáticas pueden afectar la navegabilidad.

Impacto de Temporadas: En algunos lagos, las estaciones frías pueden congelar las rutas, afectando el transporte.

Ejemplos Notables:

Grandes Lagos de América del Norte: El transporte lacustre entre Estados Unidos y Canadá es un ejemplo prominente de comercio internacional a través de lagos.

Lago Victoria en África: Conecta varios países del este de África, facilitando el comercio regional.

Estas características hacen del transporte lacustre una opción eficiente y económica para el transporte internacional de mercancías en regiones con grandes cuerpos de agua interiores.

El Transporte de Cargas Internacional Aéreo

El transporte aéreo de carga internacional es una modalidad de transporte que utiliza aviones para mover mercancías entre diferentes países y continentes. Esta forma de transporte es esencial para la globalización del comercio, ofreciendo rapidez y eficiencia para productos de alto valor, perecederos y urgentes.

Sus Características:

Rapidez:

Tiempo de Tránsito: El transporte aéreo es la opción más rápida para mover mercancías a largas distancias, lo que es crucial para productos perecederos, medicamentos, electrónicos y mercancías de alta demanda.

Conectividad Global:

Redes de Rutas Aéreas: Los aviones pueden llegar a casi cualquier parte del mundo, conectando mercados globales y facilitando el comercio internacional.

Frecuencia de Vuelos:

Vuelos Regulares: Muchas aerolíneas ofrecen vuelos regulares y servicios de carga especializados, lo que permite una entrega más predecible y flexible.

Seguridad:

Control y Monitoreo: Las mercancías transportadas por vía aérea están sujetas a estrictas medidas de seguridad y monitoreo continuo, reduciendo el riesgo de robo o daño.

Costos:

Alto Costo por Unidad de Carga: El transporte aéreo es generalmente más costoso que otros modos de transporte, como el marítimo o terrestre, debido a los altos costos operativos y de combustible.

Velocidad:

Entrega Rápida: Ideal para envíos urgentes y productos con ciclos de vida cortos.

Fiabilidad:

Horarios Fijos: Las aerolíneas operan con horarios fijos y menos retrasos en comparación con el transporte terrestre o marítimo, lo que asegura una mayor predictibilidad en la entrega.

Acceso a Mercados Remotos:

Conexiones Globales: Facilita el acceso a mercados alejados o sin infraestructura adecuada para otros modos de transporte.

Reducción de Inventarios:

Just-in-Time: Las empresas pueden mantener inventarios más bajos y responder rápidamente a la demanda del mercado.

CAPÍTULO 8

EL ALMACENAMIENTO DE MERCANCÍAS

El adecuado almacenamiento de las mercancías es una parte esencial del comercio internacional, ya que implica la gestión y conservación de los productos hasta que estos sean distribuidos o enviados a su destino final.

Algunos de los aspectos fundamentales a tener en cuenta en el almacenamiento de las mercancías son los siguientes:

Tipos de Almacenes

Almacenes Generales: Utilizados para el almacenamiento de diversos tipos de productos.

Almacenes Especializados: Diseñados para productos con características específicas, como ser alimentos perecederos, productos químicos, alimenticios, etc.

Almacenes Aduaneros o Áreas Aduaneras: También conocidos como depósitos fiscales, permiten almacenar mercancías importadas sin pagar derechos de aduana hasta que se retiren para su venta.

Gestión de Inventarios

Sistemas de Gestión de Almacenes: Utilizando Software adecuado, que ayuda a controlar y optimizar las operaciones del almacén, incluyendo la gestión de inventarios, la ubicación de productos y el seguimiento de las mercancías.

Tecnología en Almacenamiento

Automatización: Uso de robots y sistemas automatizados para el manejo y almacenamiento de productos.

Código de Barras: Tecnologías para el seguimiento y control de inventarios.

Optimización del Espacio

Diseño de Almacenes: Planificar los espacios para maximizar la eficiencia y el uso del área disponible.

Estanterías y Racks: Sistemas de almacenamiento vertical para optimizar el uso del espacio.

Seguridad y Cumplimiento de Leyes

Normativas y Regulaciones: Cumplimiento de leyes locales e internacionales para el almacenamiento seguro de las mercancías.

Seguridad Física: Medidas para proteger los almacenes contra robos, incendios y otros riesgos.

Seguridad de los Productos: Asegurar que las mercancías sean almacenadas en condiciones adecuadas para prevenir su deterioro o sea dañada.

Almacenamiento Temporal vs. Almacenamiento Prolongado

Almacenamiento Temporal: Para mercancías que se moverán rápidamente a través de la cadena que corresponda

Almacenamiento Prolongado: Para mercancías que requieren un almacenamiento más prolongado antes de ser distribuidas.

Factores a Considerar en la Elección de un Almacén

Ubicación Geográfica: Proximidad a puertos, aeropuertos y centros de distribución.

Costos: Gastos de almacenamiento, incluyendo alquiler, mano de obra y mantenimiento.

Accesibilidad: Facilidad de acceso para el transporte y distribución de mercancías.

Sostenibilidad en el Almacenamiento

Eficiencia Energética: Uso de tecnologías y prácticas que reducen el consumo de energía.

Materiales Sostenibles: Implementación de embalajes y materiales de almacenamiento ecológicos.

Gestión de Residuos: Programas de reciclaje y reducción de residuos en los almacenes.

El almacenamiento eficiente y efectivo de mercancías es fundamental para el éxito del comercio internacional, ya que afecta directamente la capacidad de una empresa para cumplir con los plazos de entrega y mantener la calidad de los productos.

La gestión de la cadena de suministro en el comercio internacional

La gestión de la cadena de suministro en el comercio internacional es una disciplina compleja que abarca la planificación, implementación y control del flujo de bienes, servicios e información desde el punto de origen hasta el consumidor final. A continuación, se detallan los aspectos clave de este tema:

Componentes de la Cadena de Suministro

Como componentes de la cadena de suministro se pueden mencionar:

Los proveedores: Selección y gestión de proveedores que puedan cumplir con los requisitos de calidad, costo y tiempo.

La fabricación: Procesos de producción y ensamblaje de productos, considerando factores como la localización de plantas y la eficiencia de la producción.

La distribución: Estrategias para mover productos desde los fabricantes hasta los consumidores, incluyendo transporte, almacenamiento y logística.

Los clientes: Gestión de relaciones con clientes, asegurando que sus necesidades y expectativas sean satisfechas.

Planificación y Estrategia

El pronóstico de la demanda: Utilización de datos históricos, tendencias del mercado y análisis predictivo para anticipar la demanda de productos.

La planificación de recursos: Asignación de recursos adecuados (materias primas, mano de obra, capital) para cumplir con la demanda prevista.

La estrategia del abastecimiento: Decisiones sobre la obtención de materiales y productos, considerando factores como el costo, la calidad y la confiabilidad de los proveedores.

Logística Internacional

El transporte: Selección de métodos de transporte (marítimo, aéreo, terrestre) y rutas óptimas para minimizar costos y tiempos de entrega.

La gestión de los inventarios: Mantenimiento de niveles óptimos de inventario para evitar sobrecostos y garantizar la disponibilidad de productos.

Las aduanas y sus regulaciones: Cumplimiento de normativas aduaneras y regulatorias en diferentes países para evitar retrasos y sanciones.

Tecnología en la Cadena de Suministro

Sistemas de Gestión de la Cadena de Suministro (SCM): Software que ayuda a planificar y gestionar todas las etapas de la cadena de suministro.

Big Data y Análisis: Uso de grandes volúmenes de datos y análisis avanzado para mejorar la toma de decisiones y predecir tendencias.

Dispositivos conectados que proporcionan datos en tiempo real sobre la ubicación y condición de los productos.

Gestión de Riesgos

Identificación de los riesgos: Reconocimiento de posibles interrupciones en la cadena de suministro, como desastres naturales, cambios políticos, o fallos en la infraestructura.

La planificación de contingencias: Desarrollo de planes de emergencia y estrategias de mitigación para minimizar el impacto de los riesgos identificados.

La resiliencia: Creación de una cadena de suministro flexible y adaptable que pueda responder rápidamente a cambios y crisis.

Sostenibilidad en la Cadena de Suministro

Prácticas ecológicas: Implementación de prácticas que reduzcan el impacto ambiental, como el uso de energías renovables y la reducción de residuos.

La responsabilidad social: Asegurarse de que las prácticas laborales y de producción sean éticas y justas.

La economía circular: Estrategias para reutilizar y reciclar materiales y productos a lo largo de la cadena de suministro.

Relaciones y Colaboración

La colaboración con proveedores: Trabajo conjunto con proveedores para mejorar la calidad y eficiencia de los productos y servicios.

La integración de la cadena de suministro: Coordinación entre diferentes partes de la cadena de suministro para optimizar el flujo de información y materiales.

Las alianzas estratégicas: Formación de asociaciones y alianzas con otras empresas para aprovechar sinergias y mejorar la competitividad.

Tendencias y Desafíos Actuales

La globalización: Expansión de las cadenas de suministro a nivel global y sus implicaciones en términos de complejidad y riesgos.

La digitalización: La adopción de tecnologías digitales para mejorar la eficiencia y la visibilidad de la cadena de suministro.

La personalización del cliente: Ajuste de la cadena de suministro para responder a las demandas de personalización de productos por parte de los clientes.

La gestión de la cadena de suministro en el comercio internacional es esencial para el éxito de las empresas en el mercado global, ya que impacta directamente en la capacidad de una empresa para competir, satisfacer a los clientes y gestionar costos de manera efectiva.

La gestión de la cadena de suministro (SCM) en el comercio internacional es un proceso integral que abarca la planificación, implementación y control de las actividades relacionadas con el flujo de bienes, servicios e información <u>desde el punto de origen hasta el consumidor final</u>. Este proceso es crucial para asegurar que los productos lleguen a los mercados de manera eficiente y efectiva, y se compone de varias etapas clave.

Componentes de la Gestión de la Cadena de Suministro

El Aprovisionamiento:

Implica la selección y gestión de proveedores, asegurando que las materias primas y componentes necesarios estén disponibles. La selección estratégica de proveedores es fundamental para mitigar riesgos y garantizar la calidad.

La Producción:

Se refiere a la transformación de materias primas en productos terminados. Esto incluye la planificación de la producción y la gestión de inventarios para optimizar el uso de recursos y minimizar desperdicios.

Distribución:

Esta fase abarca la logística y el transporte de productos terminados a los mercados. La gestión eficiente de la logística es esencial para cumplir con las expectativas de los clientes en términos de tiempo y costo.

Gestión de la Información:

La recopilación y análisis de datos a lo largo de la cadena de suministro permite a las empresas anticipar problemas y optimizar procesos. Las tecnologías como el Internet de las Cosas (IoT) y la inteligencia artificial son cada vez más utilizadas para mejorar la visibilidad y la trazabilidad en la cadena de suministro.

La gestión de la cadena de suministro en un contexto global enfrenta varios desafíos, incluyendo:

- Riesgos globales: Las empresas deben gestionar riesgos asociados a la globalización, como fluctuaciones económicas, inestabilidad política y desastres naturales.

- Sostenibilidad: La presión para adoptar prácticas sostenibles está en aumento, lo que requiere que las empresas reconsideren sus cadenas de suministro para minimizar su impacto ambiental.

- Adaptabilidad: La capacidad de adaptarse rápidamente a cambios en la demanda y condiciones del mercado es crucial para mantener la competitividad.

Estrategias para la Optimización

Para gestionar eficazmente la cadena de suministro en el comercio internacional, las empresas pueden implementar varias estrategias:

- Diversificación de Proveedores: Aumentar la base de proveedores para reducir la dependencia de un solo proveedor y mitigar riesgos.

- Tecnologías avanzadas: Adoptar soluciones tecnológicas que mejoren la eficiencia y la transparencia, como el análisis de datos.

- Planificación de contingencias: Desarrollar planes que permitan a las empresas responder rápidamente a interrupciones en la cadena de suministro.

Por lo tanto, la gestión de la cadena de suministro en el comercio internacional es un proceso complejo que requiere una planificación cuidadosa y la integración de tecnologías.

CAPITULO 9

TÉCNICAS DE NEGOCIACIÓN Y EL MARKETING INTERNACIONAL

Las estrategias de marketing global son esenciales para que las empresas compitan eficazmente en los mercados internacionales.

Implementar estrategias de marketing global efectivas requiere una combinación de investigación profunda, planificación estratégica, adaptación cultural y flexibilidad para responder a los desafíos y oportunidades únicos de cada mercado internacional.

La Investigación en los Mercados Internacionales

Es aconsejable, realizar un análisis del entorno del país en el que estemos evaluando la posibilidad de establecer un vínculo comercial. Su entorno político, económico, social, tecnológico, ambiental y legal.

El análisis de la competencia, la evaluación de los competidores locales e internacionales que actúan en ese mercado, y sus estrategias de marketing son temas importantes a tener en cuenta. Si luego de esos estudios, llegamos a la conclusión que puede ser negocio establecer relaciones comerciales en ese país, tendremos que definir los siguientes puntos:

Desarrollo de la Estrategia de Entrada al Mercado

Exportación Directa o Indirecta:

Decidir si vender productos directamente a través de canales propios o indirectamente a través de intermediarios.

Joint Ventures y Alianzas Estratégicas:

Colaboración con empresas locales para compartir riesgos y recursos.

Franquicias y Licencias:

Permitir a empresas locales usar la marca y modelo de negocio a cambio de regalías.

Inversión Directa:

Establecer operaciones propias en el mercado extranjero, como fábricas o sucursales.

Adaptación vs. Estandarización:

Estandarización: Mantener la misma estrategia y mezcla de marketing en todos los mercados para aprovechar economías de escala y una imagen de marca coherente.

Adaptación: Modificar la estrategia y la mezcla de marketing para ajustarse a las preferencias y condiciones locales de cada mercado.

El Producto:

Adaptación de productos: Ajustar productos para cumplir con regulaciones locales, preferencias culturales y necesidades del mercado.

Innovación global: Desarrollo de nuevos productos específicamente diseñados para mercados internacionales.

Gestión de la marca global: Construir y mantener una marca coherente y fuerte en múltiples mercados.

El Precio de Venta:

Estrategias de precios globales: Establecer precios competitivos que consideren costos, demanda y competencia en cada mercado.

Precio de transferencia: Determinar los precios de venta entre filiales de la misma empresa en diferentes países.

Consideraciones de divisas: Manejar la fluctuación de los tipos de cambio y su impacto en los precios.

Las Promociones:

La publicidad global: Crear campañas publicitarias que resuenen a nivel global mientras se adaptan a sensibilidades locales.

El marketing digital y redes sociales: Aprovechar plataformas digitales y redes sociales para llegar a audiencias globales.

Las relaciones públicas internacionales: Gestionar la comunicación y las relaciones con los medios en diferentes países.

La Distribución de la Mercancía:

Canales de distribución: Seleccionar y gestionar los canales de distribución más eficaces en cada mercado.

La logística y cadena de suministro: Asegurar la entrega eficiente y oportuna de productos a los mercados internacionales.

Cultura y el Comportamiento del Consumidor:

Entender las diferencias culturales: Adaptar las estrategias de marketing para respetar y aprovechar las diferencias culturales.

El comportamiento del consumidor: Investigar cómo los consumidores en diferentes mercados toman decisiones de compra y qué factores influyen en su comportamiento.

Las prácticas éticas de marketing: Asegurar que las estrategias de marketing respeten las normas éticas y las leyes locales.

Sostenibilidad: Incorporar prácticas sostenibles en la estrategia de marketing para abordar preocupaciones ambientales y sociales.

Medición y Evaluación:

Los indicadores de desempeño establecen métricas claras para evaluar el éxito de las estrategias de marketing global.

El análisis de retorno de inversión (ROI): Evalúa el retorno de las inversiones en marketing internacional.

Realizar los ajustes continuos basados en el rendimiento y los cambios en el entorno del mercado.

La Negociación Internacional

En un contexto internacional, la escucha es más que simplemente oír palabras. Se trata de comprender las sutilezas culturales, los matices y las emociones detrás de lo que se dice. Escuchar activamente te permite adaptarte y responder de manera más efectiva.

Comprender las perspectivas y necesidades de la otra parte es fundamental. La empatía fomenta la cooperación y ayuda a encontrar soluciones mutuamente beneficiosas.

Cada cultura tiene su propio estilo de negociación. Algunas prefieren el regateo, mientras que otras valoran la cortesía y la diplomacia. Aprender sobre las costumbres y normas culturales te ayudará a navegar con éxito en un contexto internacional.

Los desacuerdos son inevitables. La clave está en cómo se abordan. En lugar de confrontar, hay que buscar soluciones constructivas. Encontrar puntos en común y trabajar desde allí.

A diferencia de la mentalidad de "ganador-perdedor", busca acuerdos que beneficien a ambas partes. Esto crea relaciones a largo plazo y fortalece la confianza.

Investiga a fondo antes de la negociación. Conoce los antecedentes de la otra parte, sus objetivos y sus limitaciones. Esto te dará una ventaja estratégica.

Comunicación debe ser clara y directa. A veces, las barreras lingüísticas pueden dificultar la comunicación. Simplifica tus mensajes y utiliza ejemplos concretos para evitar malentendidos.

Las técnicas de negociación en un contexto internacional son herramientas y enfoques específicos diseñados para gestionar y facilitar el proceso de negociación entre partes de diferentes culturas y países. Estas técnicas son esenciales para superar las barreras culturales, lingüísticas y legales y para lograr acuerdos beneficiosos en el ámbito global.

El Comercio Internacional entre los Grandes Bloques o Mercados

El comercio internacional entre los grandes bloques o mercados es un tema crucial en la economía global.

¿Qué son los bloques comerciales? Los bloques comerciales son acuerdos intergubernamentales diseñados para brindar beneficios económicos a sus miembros al reducir obstáculos al comercio. Estos acuerdos pueden abarcar desde la eliminación de aranceles hasta la armonización de regulaciones y la promoción de la cooperación económica.

Los bloques comerciales facilitan el comercio entre sus miembros al eliminar barreras y fomentar la especialización. También pueden mejorar la posición negociadora frente a terceros países o bloques.

La diversidad de intereses, culturas y niveles de desarrollo entre los miembros puede dificultar la toma de decisiones. Además, los cambios políticos y económicos pueden afectar la estabilidad de los bloques.

Algunos de los bloques comerciales más conocidos son:

Unión Europea (UE):

La UE es un ejemplo destacado de integración económica. Comenzó como una unión aduanera y ha evolucionado hacia una unión económica y monetaria con un mercado común y una moneda única (el euro).

La Unión Europea es una organización política y económica compuesta por 27 países europeos, cuyo objetivo principal es promover la integración económica y política en la región. Se fundó después de la Segunda Guerra Mundial para fomentar la cooperación entre las naciones europeas y evitar futuros conflictos.

Opera bajo un sistema supranacional, donde los países miembros han cedido parte de su soberanía en áreas clave, como el comercio, la agricultura, el medio ambiente y las políticas de derechos humanos, para coordinar acciones conjuntas.

La Unión se basa en un mercado único que permite la libre circulación de bienes, servicios, capitales y personas entre los Estados miembros.

La UE también tiene su propia moneda, el **euro**, adoptada por 20 de los Estados miembros, y lleva a cabo políticas comunes en áreas como el comercio exterior, la investigación y desarrollo, el cambio climático y la cooperación internacional.

Tratado de Libre Comercio de América del Norte (TLCAN) y el actual T-MEC:

El TLCAN fue un hito en la integración económica norteamericana. Este acuerdo involucra a Canadá, Estados Unidos y México y ha sido reemplazado por el T-MEC (Tratado entre México, Estados Unidos y Canadá),

El tratado T-MEC, conocido en inglés como USMCA (United States-Mexico-Canada Agreement), es un acuerdo comercial entre los tres países de América del Norte que entró en vigor el 1 de julio de 2020, reemplazando al antiguo Tratado de Libre Comercio de América del Norte (TLCAN), que estuvo vigente desde 1994.

El T-MEC establece las bases para el comercio y la inversión entre los tres países, buscando modernizar el marco legal y adaptarlo a las realidades económicas actuales.

Mantiene la mayoría de las disposiciones del TLCAN para eliminar aranceles y facilitar el comercio de bienes y servicios entre los países, pero introduce nuevas normas y ajustes acordes a las economías contemporáneas.

Para México, es crucial, ya que Estados Unidos y Canadá son sus principales socios comerciales. Al modernizar el acuerdo, se busca fomentar la competitividad y las inversiones en la región.

Unión Africana:

Aunque no es tan profunda como la UE, la Unión Africana busca promover la cooperación económica y la integración en el continente africano.

Es una organización continental que agrupa a 55 países africanos con el objetivo de promover la integración política, económica y social en África, así como asegurar la paz, la seguridad y la estabilidad en la región. Fue creada en 2001, reemplazando a la Organización para la Unidad Africana (OUA), y está inspirada en modelos de cooperación como la Unión Europea.

El principal órgano de toma de decisiones, compuesto por los jefes de Estado y de Gobierno de los países miembros, es la Asamblea de la Unión Africana y el Consejo Ejecutivo compuesto por los Ministros de Relaciones Exteriores, se encarga de la implementación de las decisiones de la Asamblea.

La Unión Africana organiza y fomenta la creación de un mercado común africano, como <u>Zona de Libre Comercio Continental Africana</u> (ZLECA), que busca unificar el comercio intra-africano.

Mercosur:

El Mercosur es un proyecto de integración económica en América del Sur que busca fortalecer el comercio y la cooperación entre sus países miembros.

Es un bloque sudamericano que incluye como **miembros plenos a Argentina, Brasil, Paraguay y Uruguay**, con el objetivo principal de integración económica y coordinación de políticas.

Como estados asociados tenemos a los países de Chile, Perú, Colombia, Ecuador, Guyana y Surinam que tienen estatus de "asociados", lo que les permite participar en acuerdos comerciales sin ser miembros plenos.

Bolivia está en un proceso de adhesión y Venezuela, fue suspendida en 2016 por razones políticas.

El Mercosur promueve la eliminación de aranceles para la mayoría de los productos comercializados entre los países miembros. Lo que significa, que los productos pueden moverse libremente entre los países sin pagar impuestos adicionales. Sin embargo, existen excepciones y algunos productos están sujetos a barreras comerciales.

Los países del Mercosur aplican un **arancel externo común** a los bienes importados desde fuera del bloque, es decir, los productos que ingresan a cualquier país miembro desde fuera del Mercosur pagan el mismo arancel. Esto protege a las industrias locales de la competencia internacional y fortalecen la integración económica.

El "Consejo del Mercado Común" (CMC) es el órgano decisorio más importante, compuesto por los ministros de Relaciones Exteriores y de Economía de los países miembros.

Y el "Grupo Mercado Común" (GMC) es el órgano ejecutivo que coordina la implementación de las políticas y resoluciones del Consejo.

Las diferencias existentes en las políticas comerciales entre los países miembros, retrasa la integración económica y la consolidación de un verdadero mercado común.

ASEAN:

La Asociación de Naciones del Sudeste Asiático (ASEAN, por sus siglas en inglés) es una organización regional que promueve la cooperación política, económica y cultural entre los países del sudeste asiático. Fue fundada el 8 de agosto de 1967 por cinco países: Indonesia, Malasia, Filipinas, Singapur y Tailandia. Posteriormente, se unieron otros miembros, y actualmente está compuesta por 10 Estados.

Actualmente los países miembros son:

Brunei, Camboya, Indonesia, Laos, Malasia, Myanmar,

Filipinas, Singapur, Tailandia, Vietnam.

La ASEAN busca acelerar el crecimiento económico, el progreso social y el desarrollo cultural en la región. Uno de sus objetivos clave es establecer un mercado integrado, conocido como la Comunidad Económica de la ASEAN (AEC, por sus siglas en inglés), que fomente la libre circulación de bienes, servicios, capitales y mano de obra calificada.

El AEC fue establecido en 2015 para crear una **zona de libre comercio** y un **mercado común** en el sudeste asiático. Aunque no es tan avanzado como la Unión Europea, su objetivo es reducir las barreras comerciales, armonizar normativas y promover la inversión intra-regional.

Los países miembros colaboran para reducir los aranceles y mejorar la infraestructura, facilitando así la movilidad de bienes y servicios dentro de la región.

CAPITULO 10

LAS FINANZAS INTERNACIONALES Y LOS ORGANISMOS QUE INTERVIENEN EN EL COMERCIO INTERNACIONAL

Mercados financieros internacionales

Los mercados financieros desempeñan un papel fundamental en el comercio internacional al facilitar el flujo de capital y la inversión entre los países.

Características de los Mercados Financieros

Los mercados financieros son espacios, ya sean físicos o virtuales, donde se compran y venden instrumentos financieros. Estos mercados permiten que los vendedores y compradores interactúen, estableciendo así un punto de encuentro para la inversión y la financiación.

Funciones de los Mercados Financieros

Determinación de precios: Los precios de los activos se fijan según la oferta y la demanda, lo que proporciona transparencia y eficiencia en el mercado.

Liquidez: Facilita la conversión de activos en efectivo, permitiendo a los inversores comprar y vender fácilmente.

Transferencia de riesgo: A través de instrumentos como los derivados, los mercados financieros permiten a los participantes gestionar y compartir el riesgo asociado con sus inversiones.

Acceso a financiamiento: Permiten a las empresas y gobiernos obtener capital mediante la emisión de acciones y bonos, lo que es esencial para el crecimiento económico.

Información: Proporcionan datos sobre el flujo de fondos y el estado de las economías, lo que ayuda a los inversores a tomar decisiones informadas.

Tipos de mercados financieros

Los mercados financieros se pueden clasificar en varias categorías relevantes para el comercio internacional como ser:

Mercado de divisas (Forex): Es el mercado más grande del mundo, donde se intercambian diferentes monedas. Este mercado es fundamental para el comercio internacional, ya que permite a las empresas y gobiernos realizar transacciones en diversas divisas.

Mercado de capitales: Aquí se negocian acciones y bonos a largo plazo. Es vital para las empresas que buscan financiamiento para expansión y para los inversores que buscan rendimientos a largo plazo.

Mercado de derivados: Incluye contratos cuyo valor se deriva de otros activos. Este mercado es utilizado por las empresas para cubrirse contra riesgos financieros, lo que es especialmente relevante en un entorno de comercio internacional volátil.

Mercado interbancario: Permite a los bancos prestarse dinero entre sí, facilitando la liquidez en el sistema financiero global.

Impacto en el Comercio Internacional

La internacionalización de los mercados financieros ha llevado a una mayor integración económica y a la liberalización del comercio. Esto ha permitido a los inversores de diversas partes del mundo acceder a oportunidades de inversión en mercados extranjeros, aumentando la competencia y la eficiencia.

Los mercados financieros son fundamentales para el comercio internacional, ya que facilitan la inversión, el financiamiento y la gestión del riesgo, contribuyendo al crecimiento económico global.

El alcance geográfico:

Mercados Nacionales: Se limitan a un solo país, donde las transacciones se realizan en la moneda local y están sujetas a las regulaciones y leyes del país correspondientes. Los participantes suelen ser residentes del país, incluyendo individuos, empresas e instituciones financieras.

Mercados Internacionales: Operan a nivel global, permitiendo transacciones en múltiples divisas y la participación de actores de diferentes países. Esto incluye el comercio de activos financieros que pueden ser denominados en diversas monedas y están sujetos a regulaciones internacionales.

Su regulación:

Mercados Nacionales: Están regulados por las autoridades financieras del país, como bancos centrales y comisiones de valores, que establecen las normas y supervisan las actividades para proteger a los inversores y mantener la estabilidad financiera.

Mercados Internacionales: Aunque también están sujetos a regulaciones, estas pueden variar significativamente entre países. Esto puede generar un entorno más complejo y menos predecible, ya que las empresas deben cumplir con normativas y estándares de diferentes jurisdicciones.

Los instrumentos financieros

Mercados Nacionales: Tienden a ofrecer instrumentos financieros más estandarizados, como acciones y bonos emitidos por empresas locales o por el gobierno del país.

Mercados Internacionales: Ofrecen una gama más amplia de instrumentos financieros, incluyendo derivados, fondos de inversión internacionales y activos alternativos, lo que permite a los inversores diversificar sus carteras a nivel global.

Liquidez y Volumen:

Mercados Nacionales: La liquidez puede ser limitada, especialmente en mercados más pequeños o emergentes, lo que puede dificultar la compra y venta de activos sin afectar significativamente los precios.

Mercados Internacionales: Generalmente presentan mayor liquidez y volumen de transacciones debido a la participación de Múltiples inversores de todo el mundo, lo que facilita la ejecución de operaciones a gran escala.

Riesgo Cambiario

En el mercado nacional, el riesgo del cambio dependerá de las políticas monetarias de cada gobierno, en algunos los riesgos de devaluación pueden afectar a las operaciones de comercio exterior, mientras que, para otros países, ese riesgo es irrelevante, ya que todas las transacciones se realizan en la misma moneda.

En general, en los mercados internacionales los participantes enfrentan el riesgo del cambio, que puede afectar el valor de las inversiones y los retornos, dado que las fluctuaciones en las tasas de cambio pueden impactar directamente en las ganancias o pérdidas de las transacciones.

Estas diferencias resaltan la complejidad y las oportunidades que presentan los mercados financieros internacionales en comparación con los nacionales, lo que influye en las estrategias de inversión y en la gestión de riesgos de los participantes.

El financiamiento en el Comercio Internacional

El financiamiento es fundamental para el comercio internacional, ya que alrededor del 90% del comercio mundial depende de algún tipo de financiamiento o seguro de crédito, principalmente a corto plazo. Las empresas que participan en el comercio exterior necesitan financiar sus operaciones para volver a crecer e integrarse a cadenas regionales y globales de valor.

Los exportadores requieren financiamiento para abastecerse, procesar, almacenar, distribuir y vender sus productos, y recibir el pago de sus ventas lo antes posible. Por otro lado, los importadores necesitan crédito para financiar sus compras y extender el plazo de pago. Esto dificulta que las empresas, especialmente las PYMES, puedan aprovechar los beneficios del comercio exterior y de integrarse a cadenas globales de valor.

Para facilitar el financiamiento al comercio exterior, existen diferentes alternativas:

Los Bancos: Tanto la banca pública como la privada tienen herramientas como prefinanciación y postfinanciación de exportaciones, forfaiting, hubs o centros logísticos.

El Forfaiting: es un método donde el exportador puede vender su cuenta por cobrar a un banco o entidad financiera a cambio de un pago inmediato. Esto permite al exportador obtener liquidez sin esperar el pago del importador. El forfaiting se utiliza especialmente en transacciones a largo plazo y no requiere la concesión de líneas de crédito.

Mercado de capitales: Es posible negociar diferentes instrumentos como pagarés o letras (en dólares), cheques propios o de terceros (pesos), a tasas y plazos competitivos.

Private Equity: Negociar con otras empresas para conseguir inversión a cambio de una participación dentro de beneficios como accionista, a través de fondos ángel o venture capital

Además, existen regímenes de prefinanciación o financiación de exportaciones, y el seguro de crédito a la exportación protege al vendedor ante ciertos riesgos.

Los créditos documentales

Los créditos documentales entre los que se encuentra la Carta de Crédito, ya tratados en el Capítulo 6, son herramientas esenciales en el comercio internacional, ya que garantizan el pago al exportador una vez que se cumplan las condiciones acordadas. Existen varios tipos de créditos documentales que son comunes para la importación, cada uno con sus características específicas.

Organismos e Instituciones que intervienen en el Comercio Internacional

Varios son los organismos e instituciones a nivel internacional y nacional que desempeñan roles cruciales en la regulación, facilitación y promoción del comercio internacional.

Organización Mundial del Comercio (OMC):

Ya descripta en el Capítulo 1, regula las normas del comercio entre los países miembros y proporciona un marco para negociar acuerdos comerciales y resolver disputas comerciales.

Sede: Ginebra, Suiza.

Fondo Monetario Internacional (FMI):

Proporciona asesoramiento financiero y técnico, así como préstamos a países miembros con problemas de balanza de pagos, promoviendo la estabilidad económica global.

Sede: Washington D.C., Estados Unidos.

Banco Mundial:

Proporciona financiación y asistencia técnica para proyectos de desarrollo en países en desarrollo, con el objetivo de reducir la pobreza y fomentar el desarrollo económico sostenible.

Sede: Washington D.C., Estados Unidos.

Conferencia de las Naciones Unidas sobre Comercio y Desarrollo (UNCTAD):

Promueve el desarrollo sostenible a través del comercio y la inversión, ofreciendo análisis, datos y asistencia técnica a los países en desarrollo.

Sede: Ginebra, Suiza.

Organización para la Cooperación y el Desarrollo Económico (OCDE):

Promueve políticas que mejoren el bienestar económico y social en todo el mundo a través del análisis y la coordinación de políticas entre los países miembros.

Sede: París, Francia.

Organización Mundial de Aduanas (OMA):

Facilita la cooperación aduanera internacional y establece normas para la gestión aduanera y la facilitación del comercio internacional.

Sede: Bruselas, Bélgica.

Intervienen a nivel de bloques, los ya mencionados anteriormente:

Unión Europea (UE):

Una unión política y económica de 27 países europeos que promueve el comercio libre y justo entre sus miembros a través de un mercado único y una política comercial común.

Sede: Bruselas, Bélgica.

Acuerdo Estados Unidos-México-Canadá (USMCA):

Un acuerdo comercial entre Estados Unidos, México y Canadá que reemplazó al TLCAN, promoviendo el comercio libre y justo entre los tres países.

Sede: No tiene una sede fija, ya que es un acuerdo entre sus países miembros.

Asociación de Naciones del Sudeste Asiático (ASEAN):

Promueve la cooperación económica, política y social entre sus diez países miembros, incluyendo acuerdos de libre comercio con otros países y regiones.

Sede: Yakarta, Indonesia.

Mercado Común del Sur (MERCOSUR):

Un bloque comercial de países sudamericanos que busca promover el comercio libre y justo entre sus miembros.

Sede: Montevideo, Uruguay.

Comunidad Económica de Estados de África Occidental (CEDEAO):

Promueve la integración económica en África Occidental a través del comercio libre y justo entre sus 15 países miembros.

Sede: Abuya, Nigeria.

Organización Internacional de Normalización (ISO):

Desarrolla y publica normas internacionales para garantizar la calidad, seguridad y eficiencia de productos y servicios.

Sede: Ginebra, Suiza.

Organización Mundial de la Propiedad Intelectual (OMPI):

Promueve la protección de los derechos de propiedad intelectual a nivel internacional.

Sede: Ginebra, Suiza.

Centro de Comercio Internacional (ITC):

Asiste a las pequeñas y medianas empresas en países en desarrollo para que se beneficien del comercio internacional, proporcionando servicios de desarrollo.

Sede: Ginebra, Suiza.

CAPITULO 11

LAS NUEVAS TECNOLOGÍAS EN EL COMERCIO INTERNACIONAL

Las pequeñas y medianas empresas (PYMES) también pueden aplicar las nuevas tecnologías emergentes, en el comercio internacional, de diversa manera.

Pueden utilizar las herramientas de la Inteligencia Artificial (IA), para analizar grandes volúmenes de datos de mercado, identificando tendencias y oportunidades en el comercio internacional.

La IA puede automatizar la preparación de documentos necesarios para la exportación, como facturas y declaraciones aduaneras, minimizando errores y acelerando el proceso.

Se puede utilizar para evaluar y seleccionar proveedores extranjeros mediante el análisis de datos de rendimiento, reputación y cumplimiento normativo.

Aplicar la IA para optimizar la logística y la gestión de inventarios, reduciendo de esa manera, los costos y mejorando la eficiencia operativa.

Mejorando la atención a los clientes, pueden implementar chatbots y asistentes virtuales, respondiendo consultas en tiempo real, facilitando la comunicación con sus clientes o proveedores en el extranjero.

Las herramientas como Zoom, Microsoft Teams y Google Meet facilitan la comunicación y la negociación entre los socios comerciales internacionales.

Sistemas de Gestión de Relaciones con Clientes (CRM): Software como Salesforce ayuda a gestionar las interacciones con clientes y permiten mantener relaciones comerciales efectivas.

Las empresas pueden utilizar blockchain para garantizar la trazabilidad de sus productos, lo que es importante en sectores como la alimentación y la moda, donde la transparencia es clave para los consumidores.

Pueden implementar contratos inteligentes que automaticen procesos de pago y cumplimiento de condiciones, reduciendo la burocracia y acelerando las transacciones.

Los Sistemas de Gestión Financiera son Herramientas de contabilidad y finanzas que manejan múltiples monedas, tasas de cambio y transacciones internacionales.

Por otro lado, tenemos las plataformas que ayudan a gestionar seguros de crédito para protegernos contra el riesgo de impagos, y seguros logísticos para cubrir pérdidas o daños de mercancías.

Utilizar criptomonedas y plataformas basadas en blockchain para realizar pagos internacionales de manera más rápida y con menores costos de transacción.

Las plataformas de E-Commerce pueden ser utilizadas para acceder a mercados globales, llegando a más clientes internacionales, lo que es una forma de expandir el mercado.

Establecer estrategias de marketing digital para promocionar productos en mercados extranjeros, utilizando herramientas de segmentación y publicidad en línea.

El uso de SEO, SEM, Redes Sociales y Marketing de Contenidos son ideales para llegar a mercados internacionales.

Las herramientas de Big Data y el análisis predictivo permiten entender las tendencias del mercado, comportamientos del consumidor y optimizar las estrategias de marketing.

La utilización de herramientas digitales, para acceder a la información sobre los mercados, regulaciones y tendencias comerciales, facilitan y permiten una mejor toma de decisiones. O sea que el acceso a la información que facilita la actual tecnología informática es sumamente importante para el comercio internacional.

Resumen de Tecnologías Innovadoras que se Utilizan

Inteligencia Artificial (IA) y Aprendizaje Automático:

Estas tecnologías permiten a las empresas analizar grandes volúmenes de datos para predecir la demanda, optimizar la planificación y mejorar la toma de decisiones. La IA puede automatizar procesos y ofrecer recomendaciones basadas en patrones históricos y tendencias actuales.

Internet de las Cosas (IoT):

El IoT conecta dispositivos y sensores a la red, proporcionando datos en tiempo real sobre el estado de los productos y el rendimiento de la cadena de suministro. Esto mejora la visibilidad y permite una respuesta rápida a cualquier problema que surja durante el transporte o almacenamiento.

Blockchain:

Esta tecnología proporciona un registro seguro y transparente de todas las transacciones en la cadena de suministro. Facilita la trazabilidad de productos, mejora la confianza entre las partes interesadas y reduce el riesgo de fraude.

Big Data y Análisis de Datos:

Las herramientas de Big Data permiten a las empresas recopilar y analizar datos de múltiples fuentes para obtener información valiosa sobre el rendimiento de la cadena de suministro. Esto ayuda a identificar ineficiencias y oportunidades de mejora.

Automatización y Robótica:

La automatización de procesos logísticos, como el picking y embalaje, mejora la eficiencia operativa y reduce errores. Los robots pueden realizar tareas repetitivas, liberando a los empleados para que se concentren en actividades más estratégicas.

Gemelos Digitales:

Esta tecnología crea una réplica virtual de la cadena de suministro, permitiendo a las empresas simular diferentes escenarios y optimizar operaciones antes de implementar cambios en el mundo real.

Computación en la Nube:

La nube facilita el acceso a datos y aplicaciones desde cualquier lugar, mejorando la colaboración entre los socios de la cadena de suministro y permitiendo una gestión más flexible y escalable.

Realidad Aumentada (AR) y Realidad Virtual (VR):

Estas tecnologías se utilizan para capacitar a empleados y optimizar procesos de logística, ofreciendo visualizaciones interactivas que mejoran la comprensión y la eficiencia en la manipulación de productos.

La automatización acelera en general los procesos reduciendo el tiempo necesario para completar tareas y proyectos, con los consiguientes tiempos de respuesta más rápidos a las consultas de los clientes, o que las entregas de los productos sea más rápida.

ESTADÍSTICAS SEGÚN LA OMC

Comercio mundial de mercancías y comercio de servicios comerciales

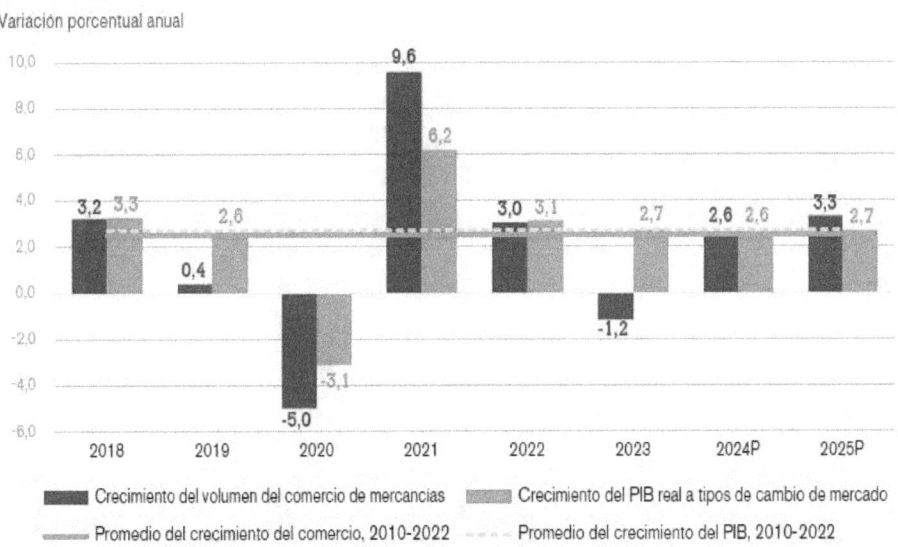

Gráfico 3: Crecimiento del volumen del comercio mundial de mercancías y del PIB mundial, 2018-2025

Nota: Las cifras correspondientes a 2024 y 2025 son previsiones. El comercio de mercancías creció un 2,5% anual en promedio entre 2010 y 2023, mientras que el crecimiento del PIB fue del 2,7%.

Fuentes: OMC para los datos sobre el volumen del comercio de mercancías y estimaciones de consenso para el PIB.

Cuadro 1: Crecimiento del volumen del comercio de mercancías y el PIB, 2020-2025 [a]

Variación porcentual anual

	2020	2021	2022	2023	2024	2025
Volumen del comercio mundial de mercancías [b]	-5,0	9,6	3,0	-1,2	2,6	3,3
Exportaciones						
América del Norte	-9,2	6,4	3,8	3,7	3,6	3,7
América del Sur [c]	-5,0	6,6	2,9	1,9	2,6	1,4
Europa	-7,7	8,1	3,7	-2,6	1,7	2,8
CEI [d]	-1,0	-1,8	-2,1	-6,2	5,3	1,7
África	-7,2	4,2	-2,4	3,1	5,3	2,4
Oriente Medio	-6,5	-0,8	6,6	-1,6	3,5	2,2
Asia	0,6	13,1	0,4	0,1	3,4	3,4
Importaciones						
América del Norte	-5,2	11,9	5,7	-2,0	1,0	3,3
América del Sur [c]	-9,6	24,8	4,2	-3,1	2,7	3,4
Europa	-7,2	8,8	6,0	-4,7	0,1	3,1
CEI [d]	-5,4	10,3	-6,1	18,8	-3,8	2,9
África	-15,5	7,4	8,8	-2,4	4,4	1,6
Oriente Medio	-9,7	13,8	14,1	9,8	1,2	2,1
Asia	-1,0	10,5	-0,7	-0,6	5,6	4,7
PIB mundial a tipos de cambio del mercado	-3,1	6,2	3,1	2,7	2,6	2,7
América del Norte	-3,3	5,8	2,1	2,4	2,0	1,7
América del Sur [c]	-6,3	7,7	4,0	2,0	1,5	2,5
Europa	-5,9	6,3	3,5	0,9	1,1	1,7
CEI [d]	-2,4	5,5	0,1	3,5	2,6	1,9
África	-2,4	4,7	3,7	2,9	3,2	3,9
Oriente Medio	-3,9	4,1	6,5	1,6	2,7	3,4
Asia	-0,7	6,5	3,3	4,2	4,0	3,8
Pro memoria: Países menos adelantados (PMA)						
Volumen de las exportaciones de mercancías	-1,0	-2,2	-1,1	4,1	2,7	4,2
Volumen de las importaciones de mercancías	-8,8	9,6	2,7	-3,5	6,0	6,8
PIB real a tipos de cambio del mercado	0,5	2,6	4,7	3,3	4,9	5,6

a Las cifras correspondientes a 2024 y 2025 son previsiones.
b Promedio de las exportaciones e importaciones.
c Se refiere a América del Sur, Centroamérica y el Caribe.
d Comprende la Comunidad de Estados Independientes (CEI), incluidos determinados antiguos Estados miembros y Estados miembros asociados.

Nota: Estas proyecciones incorporan técnicas de muestreo de datos mixtos (MIDAS) para determinadas economías, a fin de aprovechar datos de mayor frecuencia, como el tráfico de contenedores y los índices de riesgo financiero.

Fuente: OMC para el comercio, y estimaciones de consenso para el PIB.

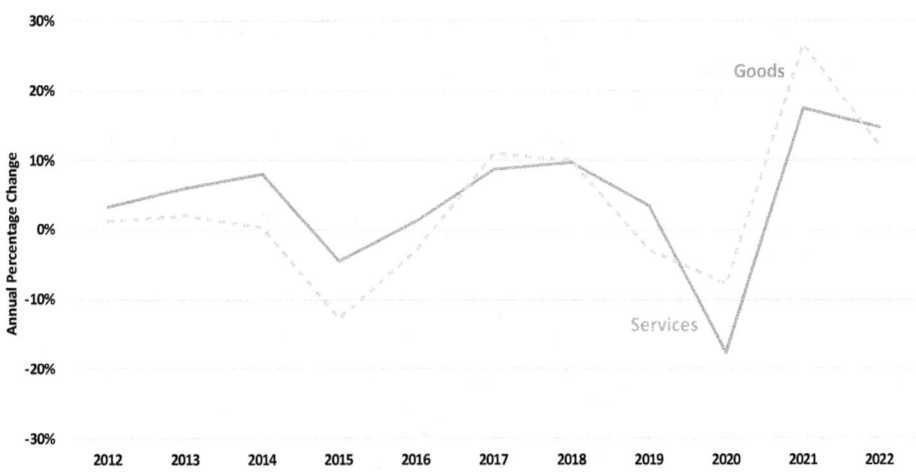

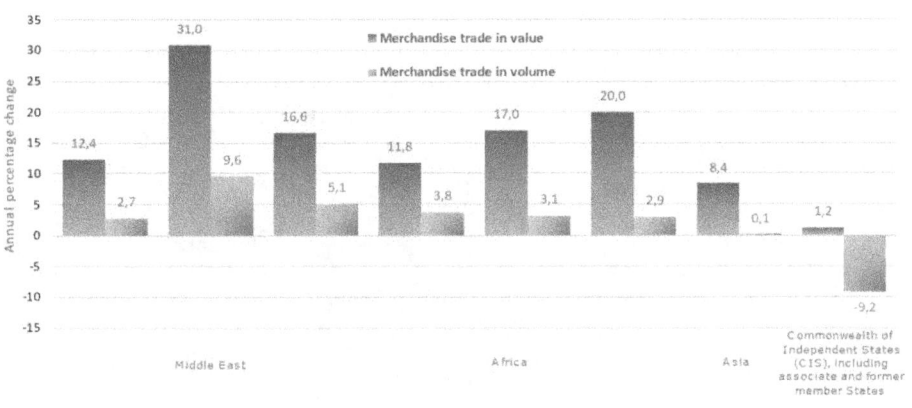

World merchandise exports by major product group, 2019 and 2022
(US$ billion and percentage share)

* Estimate for product break-down.
Source: WTO estimates.
Note: Data including intra-trade of the European Union, excluding re-exports of Hong Kong, China

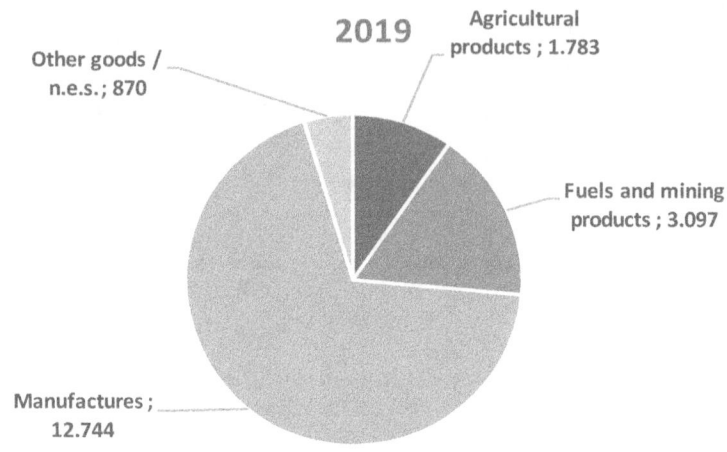

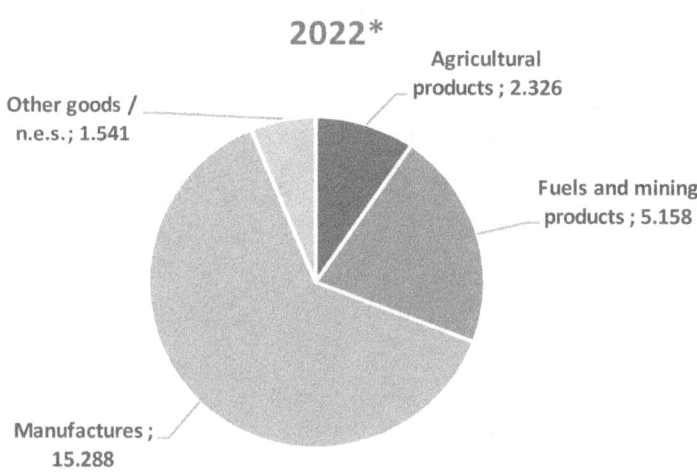

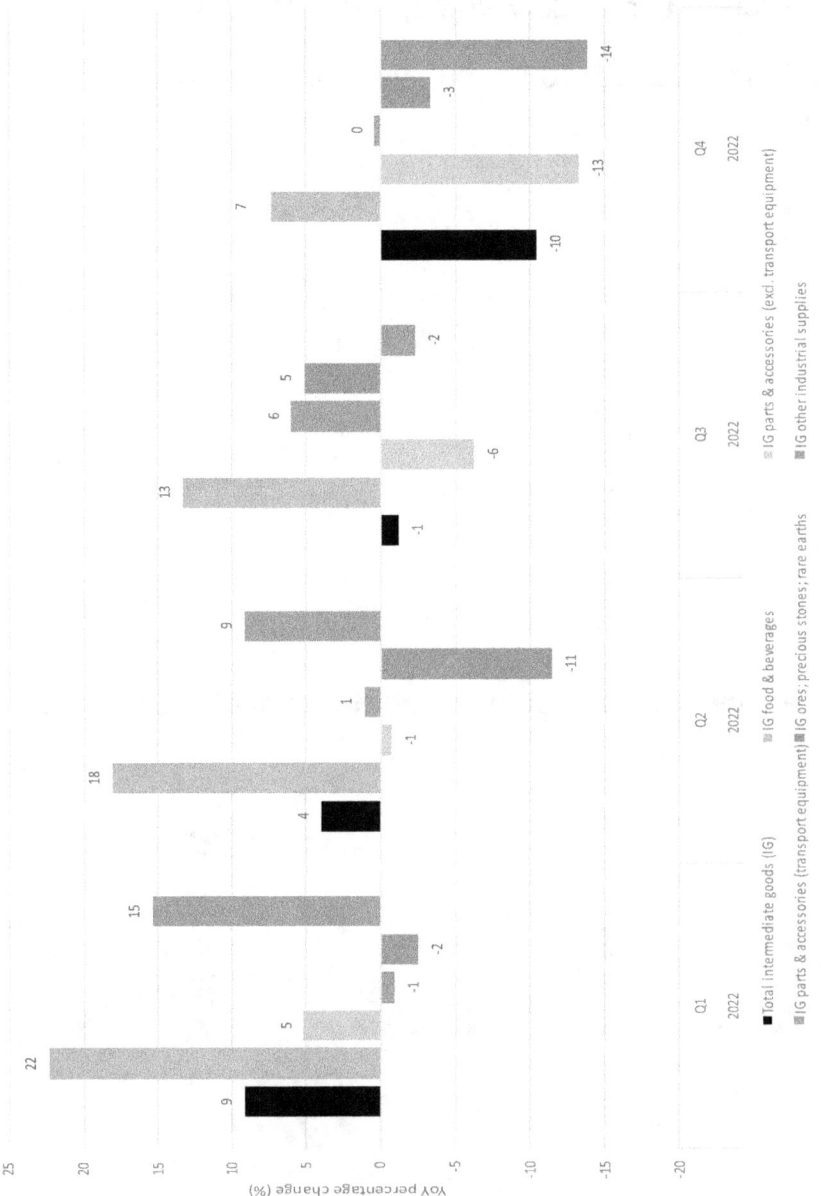

World merchandise trade volume, 2019 Q1 – 2023 Q1

(Volume index 2019=100 and year-on-year percentage change)

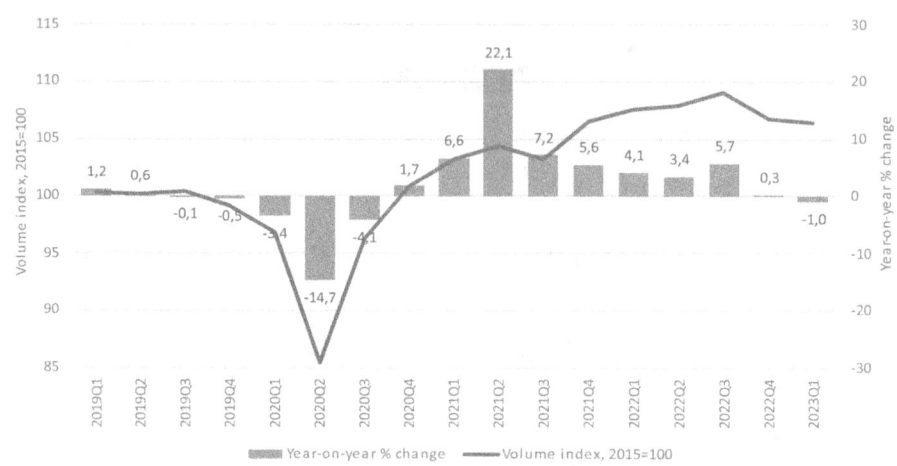

World merchandise trade volume and GDP growth, 2015-2022

Annual % change

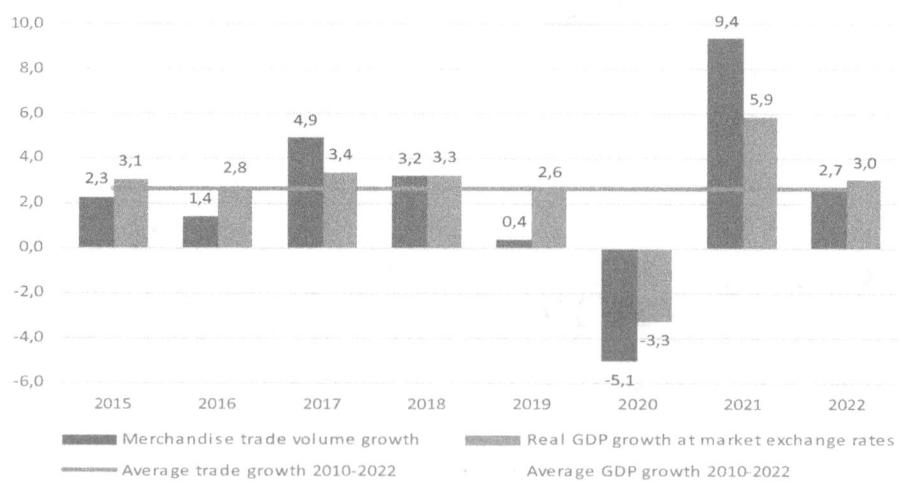

Growth in the volume of world merchandise trade by selected region and economy, 2010-2022

(Annual percentage change)

Exports				Imports		
2010-22	2021	2022		2010-22	2021	2022
2,5	8,4	2,3	World	2,7	10,3	3,2
2,5	6,5	4,2	North America	3,3	12,5	6,0
2,3	1,1	1,0	Canada	2,4	8,6	6,2
5,0	6,4	8,3	Mexico	3,2	19,2	5,7
1,9	8,1	4,1	United States of America	3,5	12,1	6,0
1,2	5,8	1,9	South and Central America and the Caribbean	2,1	25,6	4,2
2,8	3,7	4,7	Brazil	1,7	24,7	1,8
1,7	8,1	2,7	Europe	1,8	8,5	5,2
1,8	8,4	2,9	European Union	1,8	9,4	5,5
1,3	0,2	10,2	United Kingdom	2,2	5,2	10,7
0,3	4,5	-7,7	Norway	1,5	4,8	1,5
0,7	9,9	0,6	Switzerland	-0,2	1,7	0,7
0,8	-3,1	-5,0	Commonwealth of Independent States (CIS), including certain associate and former member States	0,4	9,0	-13,9
0,3	3,5	0,7	Africa	1,8	6,4	5,6
2,4	-2,4	9,9	Middle East	2,9	8,3	9,4
4,0	13,1	0,6	Asia	3,7	10,5	-0,4
1,9	-1,7	-1,6	Australia	3,4	9,9	7,7
4,9	17,3	-2,0	China	3,9	7,6	-7,2
4,0	22,9	0,6	India (1)	3,6	17,3	1,5
1,2	11,9	1,9	Japan	1,5	2,3	0,5
3,6	9,8	2,6	Six East Asian traders (2)	3,5	12,5	6,0

(1) Secretariat Estimates
(2) Hong Kong, China; Malaysia; Republic of Korea; Singapore; Separate Customs Territory of Taiwan, Penghu, Kinmen and Matsu

World merchandise trade and trade in commercial services by region and selected economy, 2010-2022

(Annual percentage change)

Exports				Imports		
2010-22	2021	2022		2010-22	2021	2022
			Merchandise			
4	27	12	World	4	26	14
4	23	18	North America	5	23	16
4	23	18	United States of America	5	22	15
4	30	18	Canada	3	20	15
3	34	16	South and Central America and the Caribbean	4	42	23
4	34	19	Brazil	4	41	25
3	28	3	Chile	5	56	13
4	22	9	Europe	4	24	15
3	21	8	European Union	4	26	15
2	18	13	United Kingdom	3	9	19
3	44	11	Commonwealth of Independent States (CIS), including certain associate and former member States	1	24	-9
2	48	8	Russian Federation	0	27	-21
3	31	40	Kazakhstan	4	11	20
2	41	18	Africa	3	27	16
3	44	-1	South Africa	3	36	19
-2	32	34	Nigeria	2	45	3
5	42	42	Middle East	5	26	20
9	27	41	United Arab Emirates	7	41	22
4	59	49	Saudi Arabia, Kingdom of	5	11	23
5	27	9	Asia	5	30	11
7	30	7	China	6	30	1
0	18	-1	Japan	2	21	17
			Commercial services			
5	19	15	World	5	16	15
4	12	16	North America	4	19	24
4	10	16	United States of America	4	21	26
4	12	11	Canada	3	9	18
3	19	40	South and Central America and the Caribbean	3	25	34
3	15	26	Brazil	2	13	36
1	-1	54	Argentina	3	9	64
5	20	11	Europe	5	15	12
5	20	10	European Union	5	14	10
4	15	9	United Kingdom	4	21	22
2	19	6	Commonwealth of Independent States (CIS), including certain associate and former member States	1	14	3
0	16	-13	Russian Federation	0	18	-7
-1	18	-14	Ukraine	6	32	82
3	22	31	Africa	2	10	19
2	45	36	Egypt	5	24	11
4	0	25	Nigeria	-1	-19	17
...	26	47	Middle East	5	26	23
...	31	52	United Arab Emirates (1)	7	24	28
11	34	26	Israel	7	33	37
...	20	14	Asia	...	15	12
...	40	8	China	...	16	5
9	25	9	Singapore	8	15	7

Note: Includes Secretariat estimates.
(1) Preliminary estimates for 2022.

World merchandise exports by region and selected economy, 1948, 1953, 1963, 1973, 1983, 1993, 2003 and 2022

(Billion dollars and percentage)

	1948	1953	1963	1973	1983	1993	2003	2022
				Value				
World	59	84	157	579	1838	3688	7382	24312
				Share				
World	100,0	100,0	100,0	100,0	100,0	100,0	100,0	100,0
North America	28,1	24,8	19,9	17,3	16,8	17,9	15,8	13,3
United States of America	21,6	14,6	14,3	12,2	11,2	12,6	9,8	8,5
Canada	5,5	5,2	4,3	4,6	4,2	3,9	3,7	2,5
Mexico	0,9	0,7	0,6	0,4	1,4	1,4	2,2	2,4
South and Central America and the Carib	11,3	9,7	6,4	4,3	4,5	3,0	3,1	3,4
Brazil	2,0	1,8	0,9	1,1	1,2	1,0	1,0	1,4
Chile	0,6	0,5	0,3	0,2	0,2	0,2	0,3	0,4
Europe	35,1	39,4	47,8	50,9	43,5	45,3	46,2	35,8
Germany (1)	1,4	5,3	9,3	11,7	9,2	10,3	10,2	6,8
Netherlands	2,0	3,0	3,6	4,7	3,5	3,8	4,0	4,0
France	3,4	4,8	5,2	6,3	5,2	6,0	5,3	2,5
United Kingdom	11,3	9,0	7,8	5,1	5,0	4,9	4,2	2,2
Commonwealth of Independent States (CIS), including certain associate and former member States (2)	-	-	-	-	-	1,7	2,3	3,0
Africa	7,3	6,5	5,7	4,8	4,5	2,5	2,4	2,7
South Africa (3)	2,0	1,6	1,5	1,0	1,0	0,7	0,5	0,5
Middle East	2,0	2,7	3,2	4,1	6,7	3,5	4,1	6,7
Asia	14,0	13,4	12,5	14,9	19,1	26,0	26,1	35,1
China	0,9	1,2	1,3	1,0	1,2	2,5	5,9	14,8
Japan	0,4	1,5	3,5	6,4	8,0	9,8	6,4	3,1
India	2,2	1,3	1,0	0,5	0,5	0,6	0,8	1,9
Australia and New Zealand	3,7	3,2	2,4	2,1	1,4	1,4	1,2	1,9
Six East Asian traders	3,4	3,0	2,5	3,6	5,8	9,6	9,6	9,6
Memorandum item:								
EU (4)	-	-	24,5	37,0	31,3	37,3	38,6	29,4
USSR, Former	2,2	3,5	4,6	3,7	5,0	-	-	-
GATT/WTO Members (5)	63,4	69,6	75,0	84,1	77,0	89,0	98,3	98,1

Note: Between 1973 and 1983 and between 1993 and 2003 export shares were significantly influenced by oil price developments.
(1) Figures refer to the Fed. Rep. of Germany from 1948 through 1983.
(2) Figures are significantly affected by including the mutual trade flows of the Baltic States and the CIS between 1993 and 2003.
(3) Beginning with 1998, figures refer to South Africa only and no longer to the Southern African Customs Union.
(4) Figures refer to the EEC(6) in 1963, EC(9) in 1973, EC(10) in 1983, EU(12) in 1993, EU(25) in 2003, and the European Union, excluding the United Kingdom, in 2022
(5) Membership as of the year stated.

Leading exporters and importers in world merchandise trade, 2022

(Billion dollars and percentage)

Rank	Exporters	Value	Share	Annual percentage change	Rank	Importers	Value	Share	Annual percentage change
1	China	3594	14,4	7	1	United States of America	3376	13,2	15
2	United States of America	2065	8,3	18	2	China	2716	10,6	1
3	Germany	1655	6,6	1	3	Germany	1571	6,1	11
4	Netherlands	966	3,9	15	4	Netherlands	899	3,5	19
5	Japan	747	3,0	-1	5	Japan	897	3,5	17
6	Korea, Republic of	684	2,7	6	6	United Kingdom	824	3,2	19
7	Italy	657	2,6	7	7	France	818	3,2	14
8	Belgium	633	2,5	15	8	Korea, Republic of	731	2,9	19
9	France	618	2,5	6	9	India	723	2,8	26
10	Hong Kong, China	610	2,4	-9	10	Italy	689	2,7	22
	Domestic exports	18	0,1	-13					
	Re-exports	592	2,4	-9					
11	United Arab Emirates (1)	599	2,4	41	11	Hong Kong, China	668	2,6	-6
						Retained imports (1)	164	0,6	3
12	Canada	597	2,4	18	12	Mexico	626	2,4	20
13	Mexico	578	2,3	17	13	Belgium	621	2,4	18
14	Russian Federation (1)	532	2,1	8	14	Canada	582	2,3	15
15	United Kingdom	529	2,1	13	15	Spain	493	1,9	18
16	Singapore	516	2,1	13	16	Singapore	476	1,9	17
	Domestic exports	239	1,0	15		Retained imports (1)	199	0,8	27
	Re-exports	277	1,1	11					
17	Chinese Taipei	478	1,9	7	17	Chinese Taipei	436	1,7	14
18	India	453	1,8	15	18	United Arab Emirates (1)	425	1,7	22
19	Spain	418	1,7	10	19	Poland	381	1,5	11
20	Australia	412	1,7	20	20	Türkiye	364	1,4	34
21	Saudi Arabia, Kingdom of (1)	410	1,6	49	21	Viet Nam	359	1,4	8
22	Switzerland	402	1,6	6	22	Switzerland	356	1,4	10
23	Viet Nam	371	1,5	11	23	Australia	309	1,2	18
24	Poland	361	1,4	6	24	Thailand	303	1,2	14
25	Malaysia	353	1,4	18	25	Malaysia	294	1,1	24
26	Brazil	334	1,3	19	26	Brazil	292	1,1	25
27	Indonesia	292	1,2	26	27	Russian Federation (1),(2)	240	0,9	-21
28	Thailand	287	1,2	6	28	Indonesia	237	0,9	21
29	Türkiye	254	1,0	13	29	Czech Republic	236	0,9	11
30	Norway	250	1,0	56	30	Austria	232	0,9	6
31	Czech Republic	241	1,0	6	31	Sweden	202	0,8	8
32	Ireland	214	0,9	12	32	Saudi Arabia, Kingdom of	188	0,7	23
33	Austria	212	0,8	4	33	Hungary	163	0,6	14
34	Sweden	198	0,8	4	34	Ireland	146	0,6	21
35	Hungary	151	0,6	7	35	Philippines	144	0,6	16
36	Iraq (1)	132	0,5	53	36	South Africa (1)	136	0,5	19
37	Denmark	131	0,5	4	37	Romania	132	0,5	14
38	Qatar	130	0,5	49	38	Denmark	127	0,5	5
39	South Africa	123	0,5	-1	39	Portugal	115	0,4	17
40	Slovak Republic	108	0,4	4	40	Slovak Republic	113	0,4	9
41	Kuwait, the State of (1)	104	0,4	65	41	Israel	107	0,4	16
42	Chile	97	0,4	3	42	Norway	106	0,4	8
43	Romania	97	0,4	11	43	Chile	104	0,4	13
44	Argentina	88	0,4	13	44	Greece	98	0,4	27
45	Finland	86	0,3	4	45	Finland	97	0,4	13
46	Kazakhstan	85	0,3	40	46	Bangladesh	88	0,3	10
47	Portugal	82	0,3	10	47	Egypt (1)	86	0,3	17
48	Philippines	79	0,3	6	48	Argentina	82	0,3	29
49	Israel	74	0,3	22	49	Iraq (1)	78	0,3	18
50	Iran (1)	73	0,3	2	50	Colombia	77	0,3	27
	Total of above (3)	23159	93,0	-		Total of above (3)	###	92,0	-
	World (3)	24905	100,0	11		World (3)	###	100,0	13

Note: For annual data 2012-2022, see Tables A58 and A59.
(1) Secretariat estimates.
(2) Imports are valued f.o.b.
(3) Includes significant re-exports or imports for re-export.

Leading exporters and importers in world trade in commercial services, 2022

(Billion dollars and percentage)

Rank	Exporters	Value	Share	Annual percentage change	Rank	Importers	Value	Share	Annual percentage change
1	United States of America	900	12,8	16	1	United States of America	671	10,3	26
2	United Kingdom	492	7,0	9	2	China	461	7,1	5
3	China	422	6,0	8	3	Germany	458	7,0	19
4	Germany	406	5,8	6	4	Ireland	373	5,7	8
5	Ireland	355	5,0	2	5	United Kingdom	313	4,8	22
6	France	336	4,8	12	6	France	286	4,4	11
7	India	309	4,4	29	7	Netherlands	264	4,1	6
8	Singapore	291	4,1	9	8	Singapore	258	4,0	7
9	Netherlands	270	3,8	9	9	India	249	3,8	27
10	Spain	167	2,4	41	10	Japan	207	3,2	0
11	Japan	163	2,3	-2	11	Switzerland	157	2,4	-1
12	United Arab Emirates (1)	154	2,2	52	12	Belgium	144	2,2	5
13	Switzerland	146	2,1	7	13	Canada	135	2,1	18
14	Belgium	137	1,9	1	14	Korea, Republic of	135	2,1	10
15	Luxembourg	134	1,9	-9	15	Italy	133	2,0	15
16	Korea, Republic of	132	1,9	10	16	Luxembourg	111	1,7	-7
17	Denmark	126	1,8	32	17	Sweden	98	1,5	24
18	Italy	123	1,7	20	18	Denmark	97	1,5	17
19	Canada	122	1,7	11	19	United Arab Emirates (1)	95	1,5	28
20	Poland	95	1,4	18	20	Spain	87	1,3	17
21	Sweden	94	1,3	16	21	Brazil	78	1,2	36
22	Israel	91	1,3	26	22	Austria	74	1,1	10
23	Türkiye	90	1,3	47	23	Saudi Arabia, Kingdom of	70	1,1	13
24	Hong Kong, China (2)	83	1,2	...	24	Russian Federation	70	1,1	-7
25	Austria	80	1,1	17	25	Hong Kong, China (2)	63	1,0	...
26	Chinese Taipei	58	0,8	12	26	Thailand	62	1,0	8
27	Norway	50	0,7	23	27	Australia	62	1,0	56
28	Greece	50	0,7	21	28	Poland	57	0,9	16
29	Australia	50	0,7	14	29	Norway	53	0,8	27
30	Russian Federation	48	0,7	-13	30	Mexico	46	0,7	21
31	Portugal	46	0,7	44	31	Chinese Taipei	45	0,7	14
32	Philippines	41	0,6	22	32	Malaysia	44	0,7	21
33	Thailand	40	0,6	60	33	Indonesia	43	0,7	52
34	Romania	39	0,6	18	34	Israel	43	0,7	37
35	Brazil	39	0,5	26	35	Finland	40	0,6	12
36	Mexico	36	0,5	33	36	Türkiye	39	0,6	38
37	Finland	34	0,5	2	37	Qatar	37	0,6	14
38	Czech Republic	34	0,5	13	38	Czech Republic	30	0,5	21
39	Malaysia	32	0,4	49	39	Greece	29	0,5	13
40	Saudi Arabia, Kingdom of	31	0,4	222	40	Kuwait, the State of	26	0,4	31
	Total of above	6348	90,1	-		Total of above	5745	88,3	-
	World	7043	100,0	15		World	6509	100,0	15

breaks in the series for a large number of economies, and by limitations in cross-country comparability. See the Metadata. For more annual data, see Tables A60 and A61.
(1) Preliminary estimates for 2022.
(2) Secretariat estimates.

Top 10 exporters and importers of food, 2022

(Billion dollars and percentage)

	Value	Share in world exports/imports				Annual percentage change			
	2022	2000	2005	2010	2022	2010-22	2020	2021	2022
Exporters									
European Union	693	40,6	43,4	38,4	34,8	4	3	14	7
Extra-EU exports	227	13,3	13,3	12,0	11,4	5	4	10	4
United States of America	185	12,6	9,1	10,1	9,3	4	6	18	9
Brazil	132	3,0	4,5	5,4	6,6	7	7	20	35
China	88	3,2	3,6	4,0	4,4	6	-3	11	15
Canada	71	4,1	3,6	3,3	3,5	5	10	19	9
Indonesia	58	1,3	1,4	2,3	2,9	7	13	41	7
Argentina	54	2,7	2,7	3,0	2,7	4	-7	18	29
India	50	1,3	1,3	1,6	2,5	9	5	27	12
Mexico	48	1,9	1,7	1,6	2,4	9	5	12	13
Australia	45	2,9	2,5	2,0	2,3	6	-5	36	19
Above 10	**1425**	**73,5**	**73,9**	**71,7**	**71,5**	-	-	-	-
Importers									
European Union	653	36,7	40,2	36,2	32,3	4	2	14	10
Extra-EU imports	195	12,3	12,3	10,9	9,6	4	0	10	15
China	224	2,0	3,0	5,2	11,1	12	16	29	9
United States of America	220	11,1	10,1	8,5	10,9	7	3	19	13
Japan	80	10,6	7,5	5,6	3,9	2	-5	9	9
United Kingdom	74	6,3	6,4	4,9	3,6	2	2	0	15
Canada (1)	48	2,6	2,4	2,4	2,4	5	2	13	12
Korea, Republic of	44	1,7	1,6	1,7	2,2	7	1	21	16
Mexico (1)	38	1,8	1,9	1,7	1,9	6	-3	32	16
India	34	0,5	0,7	1,1	1,7	9	6	43	17
Saudi Arabia, Kingdom of	28	1,2	1,2	1,5	1,4	5	3	13	23
Above 10	**1441**	**74,4**	**75,0**	**68,8**	**71,2**	-	-	-	-

(1) Imports are valued f.o.b.

MODELOS

COMMERCIAL INVOICE

SELLER:	INVOICE No.	DATE
	CUSTOMER REFERENCE No	DATE
SOLD TO:	TERMS OF SALE	
	TERMS OF PAYMENT	
SHIP TO (if different than Sold To):	CURRENCY OF SETTLEMENT	
	MODE OF SHIPMENT	BILL OF LADING / AWB

QTY	DESCRIPTION	UNIT OF MEASURE	UNIT PRICE	TOTAL PRICE

PACKAGE MARKS:	TOTAL COMMERCIAL VALUE:	
	MISC. CHARGES: (packing, insurance, etc.)	
	TOTAL INVOICE VALUE:	

CERTIFICATIONS:	I certify that the stated export prices and description of goods are true and correct:
	(SIGNED)
	TITLE:

LISTA DE EMPAQUE

REFERIDA A LA FACTURA Nº:

EXPORTADOR: **RUEX Nº:**
DIRECCIÓN:
TELF.:
CIUDAD:
PAÍS:

FECHA:		NIT:	
CANTIDAD	DESCRIPCIÓN DEL CONTENIDO	PESO NETO	PESO TOTAL

NATURALEZA DEL PRODUCTO: Liquido   Solido
                                    Frágil   Peligroso
                                    Otro_____

NUMERO TOTAL DE CAJAS:

PESO NETO TOTAL:

PESO BRUTO TOTAL:

BILL OF LADING

COMBINED TRANSPORT OR PORT TO PORT TRANSPORT
NOT NEGOTIABLE UNLESS CONSIGNED "TO ORDER"

SHIPPER / EXPORTER (COMPLETE NAME AND ADDRESS)	BOOKING NO.	B/L NO.
NOMBRE DEL EXPORTADOR - ORIGEN	NUMERO DE BOOKING	NUMERO DE BILL OF LADING (BL)
DIRECCIÓN DEL EXPORTADOR	EXPORT REFERENCES	
TELEFONO DEL EXPORTADOR	REFERENCIAS DE EXPORTACION	
CONSIGNEE	FORWARDING AGENT	
NOMBRE DEL CLIENTE EN DESTINO		
DIRECCIÓN DEL CLIENTE / IMPORTADOR		
NUMERO DE IDENTIFICACION TRIBUTARIA		
TELEFONO DEL CLIENTE	POINT AND COUNTRY OF ORIGIN	
NOTIFY PARTY (COMPLETE NAME AND ADDRESS)	ALSO NOTIFY-ROUTING & INSTRUCTIONS	
EN ESTA PARTE SE DEBE AGREGAR LOS DATOS DE CONTACTO PARA LA NOTIFICACION DE ARRIBO Y OTRAS NOTIFICACIONES PUEDE SER EL CLIENTE FINAL O BIEN LA AGENCIA IMPORTADORA	SE DEBE AGREGAR A QUIEN SE DEBE NOTIFICAR EL ARRIBO NOTIFICACIONES DE RUTA Y OTRAS INSTRUCCIONES	

PRE-CARRIAGE BY	PLACE OF RECEIPT			
LUGAR DE CARGUE	LUGAR DE ORIGEN			
VESSEL/VOYAGE NO.	PORT OF LOADING	FINAL DESTINATION (FOR THE MERCHANT'S REFERENCE ONLY)	TYPE OF MOVE	
NOMBRE DEL BARCO Y VIAJE	PUERTO DE SALIDA		CY/CY	
PORT OF DISCHARGE	PLACE OF DELIVERY BY ON-CARRIER			
PUERTO DE DESCARGA	LUGAR DE ENTREGA FINAL			

PARTICULARS FURNISHED BY SHIPPER - CARRIER NOT RESPONSIBLE

CONTAINER NO./SEAL NO. MARKS AND NUMBERS	NO. OF CONT OR OTHER PKGS	DESCRIPTION OF PACKAGES AND GOODS	GROSS WEIGHT	MEASUREMENT
NUMERO DE CONTENEDOR EXACTO NUMERO DE SELLO MARCAS Y NUMEROS ADICIONALES IMPORTANTES	CANTIDAD DE CONTENE-DORES / CANTIDAD DE PIEZAS TOTALES	SHIPPER'S LOAD, COUNT & SEAL CANTIDAD DE PIEZAS, EMBALAJE, DESCRIPCION DE MERCADERIA EN INGLES Y ESPAÑOL, MARCAS, NUMEROS DE SERIES, Y LA MAYOR CANTIDAD DE INFORMACION POSIBLE LO MAS EXACTA POSIBLE DEBE INDICAR SI EL FLETE ES PREPAGADO O PAGADO EN DESTINO FREIGHT COLLECT / PREPAID	PESO - kg	VOLUMEN - CBM

ORIGINAL

FREIGHT AND CHARGES	PREPAID	COLLECT	DECLARED VALUE (SEE CLAUSE 6) US$	CHARGES US$
COSTOS DE FLETE Y OTROS	LA CANTIDAD DEBE REFLEJARSE EN ESTA CASILLA SI EL FLETE VIENE PREPAGADO		Received by the Carrier from the Shipper in external apparent good order and condition (unless otherwise noted herein) the total number or quantity of containers or other packages or units indicated in the above entitled "Carrier's Receipt" for Carriage subject to all the terms and conditions (including the terms and conditions on the reverse hereof and the terms of the carrier's applicable tariff) from the Place of Receipt or the Port of Loading. Whichever is applicable, to the Port of Discharge or the Place of Delivery, whichever is applicable. One original Bill of Lading, duly endorsed, must be surrendered in exchange of the Goods. In accepting this Bill of Lading, the Merchant expressly accepts nd agree to all its terms and conditions whether printed, stamped or written, or otherwise incorporated, notwithstanding the non-signing of this Bill of Lading by the Merchant. one of which being accomplished, the others hall be void.	
EN BASE A ESTE DATO SE PAGARAN LOS IMPUESTOS		LA CANTIDAD DEBE REFLEJARSE EN ESTA CASILLA SI EL FLETE VIENE PARA PAGAR EN DESTINO	Number of Original B/s I/L THREE (3) Place and date of issue: LUGAR Y FECHA DE EMISION	
TOTAL		$ -	By ON BEHALF OF CARRIER FIRMADO Y SELLADO **LOGISTIC SCHOOL** AUTHORIZED REPRESENTATIVE OF CARRIER	

APPLICATION FOR COMBINED TRANSPORT ONLY

NOTAS

www.ingramcontent.com/pod-product-compliance
Lightning Source LLC
Chambersburg PA
CBHW071920210526
45479CB00002B/491